KB181113

기초편

토실
토실
영단어
영숙어

토익, 입사시험, 공무원 시험 고득점 대비
실전 핵심 단어와 숙어

기본적인 단어

반드시 알아야 할 단어

기본 숙어

우선 숙어

핵심 숙어

토실
토실
영단어
영숙어 기초편

김영일 지음

글로벌콘텐츠

머리말

영어 단어와 숙어는 토익뿐만 아니라 어떠한 형태의 영어시험이나 학습에 필수적이라는 것은 틀림이 없다. 대기업 입사시험이나 공무원시험에도 영어 단어와 숙어는 난도를 달리하여 응시자들을 테스트한다. 그러므로 영어 단어와 숙어는 영어로 학습하는 모든 학습자들에게는 필수적일 수밖에 없는 것이다. 이미 필자는 토익에 관한 책을 여러 권 출간한 바 있다. 이번에 내놓는 책을 독자들이 기존의 문법책과 함께 차례대로 학습을 하면 많은 도움이 되리라고 믿는다. 또한 필자는 이번에 출간하는 단어와 숙어 책이 독자들이 실전에 완벽하게 대비하도록 심혈을 기울였으므로 이 책을 철저하게 독파한다면 소기의 성과를 거둘 것이라고 생각한다.

『토실토실 영단어 영숙어 - 기초편』은 총 다섯 단계로 나누어서 엮었다.

첫 번째 단계는 기초적인 단어를 실었다.
두 번째 단계는 반드시 알아야 할 단어를 실었다.
세 번째 단계는 기본 숙어를 실었다.
네 번째 단계는 우선 숙어를 실었다.
다섯 번째 단계는 핵심 숙어를 선별했다.
이 다섯 단계를 제대로 학습한다면 어렵지 않게 문제를 풀 수 있을 것이다.

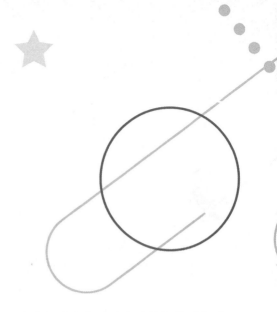

　수록한 단어와 숙어들은 모두 반드시 알아야 하지만 편의상 제목을 붙여 놓았다. 하나의 숙어가 여러 가지의 뜻을 가지고 있기에 뜻풀이를 여러 가지로 해놓았고 거기에 알맞은 예문도 실용적으로 이용할 수 있도록 들어놓았다. 오직 필자는 이 한 권의 단어 숙어 책이 독자들에게 토익 시험뿐만 아니라 기타 시험에서도 좋은 결과를 가져다주기를 간절히 바라는 바이다.

　끝으로 이 책의 출판을 위해 많은 노력을 아끼지 않으신 글로벌콘텐츠 홍정표 대표님과 편집부 직원들에게도 깊은 감사의 인사를 드리는 바이다.

2020. 8. 15. 연구실에서

차례 • CONTENTS

토실토실 영단어 영숙어

기본적인
단   어

A/a

able

형 **…할 수 있는, 유능한**

having the power, skill, knowledge, time, etc, necessary to do something

Are you **able** to do it?
그것을 할 수 있겠니?

He is an **able** teacher.
그는 유능한 교사이다.

ability 명 능력, 재능

above

전 **…보다 위에, …보다 높은(↔ below)**

higher than ; over

My friend lives just the floor **above** ours.
내 친구는 바로 우리 위층에 살아.

The water was already **above** my knees.
물은 이미 무릎 위까지 찼다.

above all (things) 특히, 무엇보다도
Be sincere **above** all. 무엇보다도 성실해라.

absent

형 **결석한, 부재의**

an occasion or period of being away

Why were you **absent** from school?
너 왜 학교에 결석했니?

accept

동 …을 받아들이다, …을 진실하다고 보다

to take or receive willingly

I want you to **accept** this.
나는 네가 이것을 받아들이길 바란다.

Don't **accept** the story at its face value.
그 이야기를 액면 그대로 받아들이지 마라.

accident

명 사고, 우연

something unpleasant, undesirable, or damaging, that happens unexpectedly or by chance

He was hurt in a railway **accident**.
그는 열차 사고로 다쳤다.

I broke it by **accident**.
나는 우연히 그것을 깨뜨렸다.

accompany

동 …을 동반하다, …와 동시에 일어나다

to go with, as on a journey ; to happen or exist at the same time

She was **accompanied** by her son.
그녀는 그녀의 아들을 동반했다.

Poverty is **accompanied** with illness.
가난에는 병이 따른다.

account

명 기사, 보고서 **동** …의 이유를 밝히다

a written or spoken report ; description

Give us an **account** of what happened.
무슨 일이 생겼는지 이야기해 주세요.

How do you **account** for it?
어떻게 그 이유를 설명하겠는가?

Give me an **account** of your behavior.
왜 그런 행동을 했는지 설명해주세요.

A/O
B/P
C/Q
D/R
E/S
F/T
G/U
H/V
I/W
J/X
K/Y
L/Z
M
N

act

동 ···의 역할을 하다, 작동하다, ···에 영향을 미치다

to take action

He **acted** faithfully as president.
그는 회장으로서 충실하게 역할을 했다.

Alcohol **acts** on the brain.
알코올은 두뇌활동에 영향을 끼친다.

add

동 ···을 보태다, ···을 늘리다

to put together with something, so as to increase the number, size, importance, etc.

Four **added** to one makes five.
1 더하기 4는 5다.

He **added** sugar to coffee.
그는 커피에 설탕을 탔다.

address

동 주소 · 성명을 쓰다, 착수하다 **명** 연설, 강연

to write a name and address on envelope, package ; a speech

He gave an impressive **address**.
그는 인상적인 연설을 했다.

advance

동 ···을 전진시키다, 앞으로 내보내다 **명** 전진, 진보

to move forward

The captain **advanced** his troops.
지휘관은 부대를 전진시켰다.

Please **advance** the table a little.
탁자를 조금 앞으로 내미십시오.

adventure

명 체험, 모험, 모험심

excitement, as in a journey or activity

The boy is full of **adventure**.
그 소년은 모험심으로 가득 차 있다.

He is a man of **adventure**.
그는 모험가이다.

advice

명 충고

opinion given by one person to another on how that other should behave or act

You had better follow his **advice**.
너는 그의 충고를 따르는 것이 좋다.

a piece of advice 충고 한마디
advise 동 충고하다
She **advised** me to study hard.
그녀는 내게 열심히 공부하라고 충고했다.

afraid

형 두려워하는, 마음 내키지 않는

full of fear ; sorry for something that has happened or is likely to happen

Don't be **afraid** of making mistakes.
실수를 저지르는 것을 두려워하지 마라.

I am **afraid** he won't come. 나는 그가 오지 않으리라고 생각한다.

air

명 공기, 미풍, 태도, 공간

the mixture of gases which surrounds the earth and which we breathe

There's not a breath of **air**.
바람 한 점 없다.

He has an **air** of importance.
그는 당당한 풍채를 지니고 있다.

alarm

동 놀라게 하다, 걱정시키다

to excite with sudden fear and anxiety

He was much **alarmed** at the news.
그는 그 소식을 듣고 매우 놀랐다.

allow

동 허락하다, 허가하다

Smoking is not **allowed** here. = No smoking.
여기서는 금연입니다.

Allow me to introduce to you my friend, Tom.
내 친구인 톰을 소개하겠습니다.

allowance 명 허락

aloud

부 소리 내어, 말로 나타내어, 큰소리로

in a voice that may be heard

Read **aloud**! 크게 읽어라!
He laughed **aloud**.
그는 큰 소리로 웃었다.

altogether

부 전적으로, 통틀어, 대체로 말하면

completely ; thoroughly

This is not **altogether** false.
이것은 전적으로 틀린 것이 아니다.

His visit stopped **altogether**. 그는 발을 딱 끊었다.

Altogether, you have all done well.
대체로 너희는 다 잘했구나.

answer

동 대답하다, 응하다 명 응답

to give an answer ; reply to

I **answer** for his honesty.
그의 정직함을 보증한다.

answer for 책임지다

The man **answered** that he couldn't do that.
그 남자는 그것을 할 수 없다고 대답했다.

art

명 예술, 기술, 미술

He has a great taste for **art**.
그는 예술에 대한 취향이 남다르다.

Driving a car is quite an **art**.
운전은 상당한 기술을 필요로 한다.

Life is short, **art** is long.
인생은 짧고 예술은 길다.

asleep

부 잠들어

sleeping

Soon he fell fast **asleep**.
곧 그는 곤히 잠들었다.

attack

동 침범하다, 공격하다 명 공격

to use violence (on), esp. with weapons

Our dog **attacked** the burglar and drove him off.
우리 집 개가 도둑에게 덤벼들어서 쫓아버렸다.

He made an **attack** on the fort.
그는 그 요새를 공격했다.

A/O
B/P
C/Q
D/R
E/S
F/T
G/U
H/V
I/W
J/X
K/Y
L/Z
M
N

attend

동 출석하다, 간호하다

to be present at ; to look after

She regularly **attends** church.
그녀는 정기적으로 교회에 나간다.

I have a good doctor **attending** me.
나를 돌보는 아주 훌륭한 의사 선생님이 계신다.

attention 명 주의

author

명 저자, 작가

the writer of a book, newspaper article, play, poem, etc.

He is my favorite **author**.
그는 내가 가장 좋아하는 작가이다.

avenue

명 가로수길, 대로

a wide street in a town

Diligence is the best **avenue** to success.
근면이 성공에 이르는 가장 좋은 길이다.

awake

명 깨우다, 깨닫다 형 자지 않고, 깨어 있는

to stop sleeping

The noise **awoke** me. 소음이 나를 잠에서 깨웠다.
He at last **awoke** to his danger.
그는 마침내 자기가 위험에 처했음을 깨달았다.

A/O
B/P
C/Q
D/R
E/S
F/T
G/U
H/V
I/W
J/X
K/Y
L/Z
M
N

B/b

battle

동 싸우다　명 싸움, 전투

to fight or struggle

They **battled** for justice. 그들은 정의를 위해 싸웠다.
He was killed in **battle**. 그는 전사했다.

bear

동 출산하다, 태어나다, 견디다

to give birth to ; to suffer without complaining

What year was he **born** in? 그는 어느 해에 태어났니?
His effort at last **bore** fruit.
그의 노력은 마침내 결실을 맺었다.

bear - bore - born

beast

명 동물, 짐승, 야수

a four-footed (farm) animal

His job is to tame a **beast**.
그는 짐승을 길들이는 일을 한다.

beat

동 …에 이기다, 고동치다, 때리다

to hit repeatedly

The rain was **beating** against the windows.
빗줄기가 창문을 두드리고 있었다.

My heart **beat** fast with joy. 나의 심장은 기쁨으로 빠르게 고동쳤다.
beat - beat - beat = beat - beat - beaten

become

동 어울리다, 적합하다; …이 되다

to be right or fitting for ; to come to be

Do you think this dress **becomes** me?
이 드레스가 나에게 어울린다고 생각하니?

It has **become** much warmer.
훨씬 따뜻해졌다.

before

부 전에 **전** 앞에 **(접)** …하기 전에 (earlier than)

Do it **before** you forget it.
잊기 전에 그것을 해라.

I would die **before** I steal.
나는 도둑질을 하느니 차라리 죽어 버리겠다.

It was not long **before** he went.
그가 떠난 지 얼마 지나지 않은 때였다.

long before 오래 전에, before long = soon 곧

belong

동 소속하다, …에 속하다

to be a member of

He **belongs** to this school.
그는 이 학교에 소속되어 있다.

Where do these things **belong**?
이것들은 어디에 있어야 하니?

This book **belongs** to me.
이 책은 내 것이다.

blank

명 여백, 빈칸 형 얼빠진, 멍한 동 (경기에서) 0패시키다

an empty space ; without understanding

Please fill up the **blanks**.
빈칸을 채우시오.

She presents a **blank** face.
그녀는 무표정한 얼굴을 한다.

They **blanked** us 10-0.
그들은 우리를 10대 0으로 눌렀다.

blind

형 눈 먼 동 …을 알 수 없게 하다 명 가리는 것, 블라인드
형 맹목적으로

unable to see

She is **blind** from birth.
그는 선천성 맹인이다.

The **blind** do not always need our help.
장님이라고 해서 언제나 우리의 도움이 필요한 것만은 아니다.

In the kingdom of the **blind**, the one-eyed is king.
장님 나라에서는 애꾸가 임금; 범 없는 골에는 토끼가 스승이라.

The **blind** horse is the hardiest.
앞 못 보는 말이 가장 대담하다.

Love is **blind**. 사랑은 맹목적이다.
Love **blinds** us to all imperfections. 제 눈에 안경.

blood

명 피, 혈기, 격정

red liquid which flows through the body

Blood is thicker than water.
피는 물보다 진하다.

bloody 형 피의, 피가 나는, 피비린내 나는

bloom

동 꽃이 피다, 한창이다 **명** 꽃, 전성기

to produce flower, come into flower, or be in flower

The roses are in full **bloom**.
장미꽃이 만발해 있다.

You are in the **bloom** of youth.
너는 지금 한창 때이다.

blossom

동 꽃이 피다, 발전하다 **명** 꽃, 개화, 만발

to flower of a tree or bush

Our lilies **blossom** next month.
우리 집 백합은 다음 달이면 꽃이 핀다.

She **blossomed** into a beautiful lady.
그녀는 미인으로 성장했다.

blow

동 불다, 바람에 날리다 **명** 강타, 일격

to send out a strong current of air

I had my hat **blown** off.
바람에 모자가 날아갔다.

He exchanged **blows** with his roommate.
그는 그의 룸메이트와 싸움을 했다.

board

명 널빤지, 판자, 유료의 식사 **동** 하숙하다

a long thin flat piece of cut wood ; the cost of meals

I pay $100 a week for room and **board**.
나는 일주일에 방세와 식비로 100달러를 지불한다.

I **board** at my uncle's.
나는 삼촌의 집에서 하숙을 한다.

bold

형 대담한, 도전적인, 버릇이 없는

daring ; courageous ; adventurous

He is not **bold** enough to do so.
그는 그것을 할 만큼 대담하지 못하다.

She's a **bold** child. 그녀는 매우 버릇이 없다.

brave

형 용감한, 늠름한

fearless, and ready to suffer danger or pain

It was a **brave** act.
그건 정말 용감한 행위였어.

He is **brave** to go there.
그가 그곳에 가다니 용기가 있다.

bravery **명** 용기, 용감한 정신

break

동 깨지다, 부서지다, 어기다, 갑자기 발생하다

to come apart or separate into pieces, esp. suddenly or violently

The window was **broken** to pieces.
창문이 박살났다.

He never **breaks** his promise.
그는 절대로 약속을 어기지 않는다.

A fire **broke** out last night. 어젯밤 화재가 발생했다.

breathe

동 숨쉬다, 한숨 돌리다

to take into the lungs (and send it out again)

He **breathed** his last at midnight.
그는 자정에 숨을 거두었다.

Let us **breathe** here. 여기서 한숨 돌리기로 하자.

breath **명** 숨, 호흡, 한숨, 순간

A/O
B/P
C/Q
D/R
E/S
F/T
G/U
H/V
I/W
J/X
K/Y
L/Z
M
N

bring

동 …을 가져오다

to come with, carry, or lead

Can you **bring** me my book?
내 책 좀 가져다주겠니?

broad

형 폭이 넓은, 도량이 큰, 환한, 개괄적인

wide ; large measured from side to side

The bridge was 30 feet **broad**.
다리의 폭이 30피트이다.

He has a **broad** knowledge of medicine.
그는 폭넓은 의학 지식을 갖고 있다.

burn

동 타다, 타는 듯이 느끼다

to be or become on fire ; to produce or experience an unpleasant hot feeling

Many buildings were **burnt** down.
여러 빌딩이 불타버렸다.

I smell something **burning**.
내게는 무언가 타는 냄새가 난다.

C/c

A/O
B/P
C/Q
D/R
E/S
F/T
G/U
H/V
I/W
J/X
K/Y
L/Z
M
N

camp

명 캠프, 야영지 동 야영하다, 천막을 치다

a place where people live in tents or huts use, for a short time

a military camp
군대캠프

They decided to go **camping**.
그들은 야영하러 가기로 결정했다.

We **camped** out in the woods.
우리는 숲속에서 야영했다.

capital

명 수도, 대문자 형 훌륭한, 멋있는

a town or city where the center of government is ; letter, esp. on at the beginning of a word

Seoul is the **capital** of Korea.
서울은 한국의 수도이다.

Write your name in **capitals**.
네 이름을 대문자로 써라.

care

동 마음 쓰다, 염려하다, 바라다 명 돌봄

to be worried, anxious, of concerned about ; want

I don't **care** what people say.
나는 남이 뭐라 하든 개의치 않는다.

I don't **care** to go. 나는 가고 싶지 않다.

cast

동 던지다, 돌보지 않다

to throw or drop

He has **cast** aside his study.
그는 자신의 연구를 등한시하고 있다.

We **cast** lots. 우리는 제비를 뽑았다.

cast aside -을 물리치다, 버리다

cast - cast - cast

catch

동 잡다, (우연히) 발견하다

to get hold of something moving in the air ; to find unexpectedly

I **caught** him picking our apples.
나는 우리 사과를 따고 있는 그를 잡았다.

Did you **catch** the bus?
그 버스를 탔니?

chance

명 기회, 모험, 가망 동 우연히 …하다

opportunity ; possibility

Give me another **chance**.
나에게 한 번 더 기회를 줘라.

We decided to take a **chance**.
우리는 모험을 하기로 결심했다.

I **chanced** to see him. 나는 우연히 그를 보게 되었다.

change

동 …을 바꾸다, 변경하다 명 거스름돈

to make or become different

He **changed** his mind.
그는 생각을 바꿨어.

Keep the **change**.
거스름돈은 가지세요.

choose

A/O

동 고르다, 선택하다

to pick out from a greater number

Choose one among them.
그것들 중에서 하나를 골라.

I'll **choose** you a good book. 너에게 좋은 책을 골라줄게.

choice **명** 고르기, 선택

clear

형 분명한, 투명한 **동** …을 정리하다, (하늘이) 개다

noticeable, plain ; easy to see through ; to remove something from an area

It is **clear** that he knows it.
그가 그것을 알고 있는 것이 분명하다.

Please **clear** the table of dishes.
식탁 위의 접시를 치워줘.

The weather will soon **clear** up.
날씨는 곧 갤 것이다.

clearly **부** 명확히, 분명하게

close

동 끝나다, 닫다 **명** 종말 **형** 밀접한, 친한

to shut ; to bring to an end

Close the window.
창문을 닫아라.

They look pretty **close**. 그들은 꽤 친해 보인다.

cloth

명 천, 옷감, 식탁보

This **cloth** wears well.
이 옷감은 잘 닳는다.

clothe

동 (옷을) 입히다, (가족 등을) 부양하다

to provide clothes for

I **clothed** myself in a new suit.
나는 새 정장으로 차려 입었다.

She worked hard to **clothe** his family.
그녀는 가족을 부양하려고 열심히 일했다.

clothes

명 옷, 의복

garments, such as pants, dresses, shirts, etc. worn on the body

I dressed everyday **clothes**.
나는 평상복을 입었다.

He is too conscious of his **clothes**.
그는 지나치게 옷에 관심을 가진다.

They have many **clothes**. 그들은 옷이 많다.

come

동 오다, 가다, 일어나다

to move towards the speaker or a particular place ; to happen

Can you **come** to my party?
내 파티에 올 수 있니?

What will **come** of it? 도대체 어떻게 된다는 거야?

Whatever **comes** I am ready for it.
무슨 일이 일어나도 나는 각오가 되어 있다.

command

동 명령하다, 지시하다, …을 내려다보다
명 마음대로 할 수 있음

to direct a person or people, order

The officer **commanded** his men to fire.
장교는 부하들에게 사격 명령을 내렸다.

I advised him to **command** his temper.
나는 그에게 자기의 성질을 억누르라고 충고했다.

common

형 공통의, 공동 사용의

It is a **common** sense. 그건 상식이야.
It is **common** for a person to do so.
사람이 그렇게 하는 것은 인지상정이다.

complete

형 완성된, 완결된 동 완결하다, 끝내다

having all necessary, usual, or wanted parts; lacking nothing

When will the work be **complete**?
그 일은 언제 끝나게 되느냐?

I need more time to **complete** it.
그것을 완성하기 위해선 시간이 좀 더 필요하다.

completely 부 완전히, 전적으로

condition

명 (몸의) 상태, 조건 동 (사람의) 상태를 조절하다

a state of being or existence

You must be **conditioned** to the cold.
너는 추위에 익숙해야 한다.

Ability is one of the **conditions** of success.
능력은 성공에 필요한 조건 가운데 하나이다.

connect

동 연결되다, 이어주다

to join ; unite

We will **connect** the two islands by bridge.
우리는 두 섬을 다리로 이을 것이다.

You are **connected**.
전화가 연결되었어요.

A/O
B/P
C/Q
D/R
E/S
F/T
G/U
H/V
I/W
J/X
K/Y
L/Z
M
N

conservative

형 보수적인, 온건한

favoring the established order of society

He looks very **conservative**.
그는 매우 보수적으로 보인다.

They like **conservative** policies.
그들은 보수적인 정책을 좋아한다.

constant

형 끊임없는, 변함없는, 성실한

happening all the time ; unchanging

They are in **constant** friendship.
그들의 우정은 변함없다.

We are a **constant** sweetheart.
우리는 변함없는 연인이다.

contain

동 …을 포함하다, 수용할 수 있다

to hold ; have within itself

How many people will this hall **contain**?
이 홀에는 몇 사람이 들어갈 수 있어요?

This food **contains** abundant vitamins.
이 식품은 비타민을 풍부하게 함유하고 있다.

continue

동 계속되다, 지속되다

to go on happening

The party **continued** all night.
파티가 밤새 계속되었다.

The cold weather **continued** for three weeks.
추운 날씨가 3주일이나 계속되었다.

control

동 관리하다, 억제하다 **명** 제어, 지배

to direct

The council **controls** the city.
위원회가 그 도시를 감독한다.

He couldn't **control** his anger.
그는 분노를 억제할 수 없었다.

cost

동 값이 얼마하다, 비용이 들다 **명** 희생, 경비

to have and amount of money as a price

How much does it **cost**?
얼마입니까?

count

동 셈하다, 중요하다 **명** 셈하기, 계산

to say or name objects one by one in order to fine the whole number in a collection

He has not learned to **count** yet.
그는 아직 셈하는 것을 배우지 못했다.

It is thinking, not reading, that **counts**.
중요한 것은 독서가 아니라 명상이다.

courage

명 용기, 용맹

Pluck up **courage**!
용기를 내라!

He has the **courage** of his convictions.
그는 자기 소신대로 행동한다.

A/O

B/P

C/Q

D/R

E/S

F/T

G/U

H/V

I/W

J/X

K/Y

L/Z

M

N

cover

동 가리다, 덮다, 망라하다, 포함하다

to place of spread something upon, over, or in front of something in order to protect, hide

She **covered** the sleeping child with a blanket.
그녀는 자고 있는 아이에게 담요를 덮어주었다.

Dust **covered** the desk.
책상은 먼저로 덮여 있었다.

The doctor's talk **covered** the complete history of medicine.
의사의 강연은 의학사를 총망라한 것이었다.

create

동 창조하다, 창출하다

produce something new

God **created** the world.
하나님께서 세상을 창조하셨다.

creation **명** 창조, 발생
creature **명** 피창조물, 생물, 동물
creative **형** 창조적인

crowd

명 다수, 많은 것 **동** 꽉 들어차다, …으로 붐비다

a large number of people gathered together

A **crowd** of people get together there.
많은 사람들이 거기에 모인다.

The bus was **crowded** with students.
버스는 학생들로 가득 찼다.

curl

동 말리다, 오그라들다, 곱슬 해지다

Her hair **curls** naturally. 그녀는 원래 곱슬머리이다.
The cat lies **curled** on the sofa.
그 고양이는 소파에 몸을 구부리고 있다.

custom

명 관습, 습관

the habitual practice of a person

I refused to be a slave to **custom**.
나는 관습의 노예가 되는 것을 거부한다.

It is my **custom** to do so.
그렇게 하는 것이 나의 습관이다.

customs 세관

D/d

dare

동 감히 …하다, (위험에) 맞서다

to be brave or rude enough

How **dare** you say such a thing?
감히 어떻게 그런 것을 말하니?

I will **dare** any danger.
나는 어떤 위험도 감수할 것이다.

dash

동 박살내다, …에 심하게 부딪히다

to destroy ; to strike with great force

He **dashed** a mirror to pieces.
그는 거울을 박살냈다.

The ship was **dashed** against the rocks.
그 배는 바위와 심하게 부딪혔다.

deal

동 분배하다, 다루다 **명** 분량, 정도

to divide among several ; to treat

Who's going to **deal** out the money?
누가 돈을 분배할래?

The book **deals** with Asia.
그 책은 아시아에 대해서 다루고 있다.

decide

동 결심하다, 결정하다

to arrive at an answer or and end to uncertainty about

Let's **decide** the question.
문제를 해결하자.

We **decided** on going abroad. 우리는 해외로 나가기로 결정했다.
decisive **형** 결정적인
decision **명** 해결, 결론, 결말

degree

명 단계, 정도, 신분

a point in an imaginary line, which is used for measuring ability, progress, etc.

He is a man of high **degree**.
그는 상류계급의 사람이다.

It is five **degrees** below zero.
영하 5도이다.

delight

동 매우 기뻐하다 **명** 기쁨, 즐거움

to cause great satisfaction, enjoyment, or joy

I'm **delighted** to see you.
나는 너를 보게 되어 기쁘다.

To my **delight**, she won a first prize.
내가 기쁘게도 그녀는 1등을 했다.

demand

[동] 필요로 하다, 요구하다 [명] 수요, 요구

ask for very strongly

This sort of work **demands** patience.
이런 종류의 일은 인내심을 필요로 한다.

the law of supply and demand
수요와 공급의 법칙

deny

[동] …을 부인하다, …에 응하지 않다

to declare untrue ; refuse to accept as a fact

I **deny** having said so.
나는 그렇게 말한 적이 없다.

I **denied** him what he asked.
나는 그가 요구한 것을 거부했다.

depend

[동] …에 의존하다, 신뢰하다

to trust ; to be dependent on or to obey supported by

He **depends** on writing for living.
그는 글을 써서 생계를 유지하고 있다.

You may **depend** on Tom to help you.
톰이 널 도울 거라는 것을 믿어도 된다.

describe

[동] 서술하다, 표현하다

to say what something is like ; give a picture in words

Describe what you did.
네가 한 것을 서술해 보아라.

Can you **describe** the woman to me?
그녀에 관해서 내게 말해 줄 수 있겠니?

A/O
B/P
C/Q
D/R
E/S
F/T
G/U
H/V
I/W
J/X
K/Y
L/Z
M
N

desire

동 바라다, 원하다　명 소원, 욕망

to wish or want very much

Most men **desire** health.
대부분의 사람들은 건강을 원한다.

He expressed a strong **desire** to go.
그는 가고 싶은 강한 소망을 나타냈다.

desirable 형 바람직한, 합당한
desirous 형 바라는, 소망하는

destroy

동 파괴하다, 파멸시키다 (↔ construct)

to ruin ; put an end to the existence of something

The tornado **destroyed** the whole village.
큰 회오리바람이 온 마을을 파괴했다.

destructive 형 유해한, 해가 되는

determine

동 결정하다, …하도록 결심시키다

to decide ; find out and fix

Did you **determine** what to buy?
무엇을 살지 결정했니?

Demand **determines** supply. 수요가 공급을 결정한다.

diligent

형 근면한, 부지런한

hardworking ; showing steady effort

He is **diligent** in his business. 그는 자신의 사업에 몰두하고 있다.
They are really **diligent**. 그들은 정말로 부지런하다.

discover

동 **발견하다, 깨닫다**

to find something existing but not known before

Try to **discover** what is best to do.
어떻게 하는 것이 최선인지 알도록 노력해라.

discovery 명 발견

disease

명 **질병, 병**

illness or disorder caused by infection or unnatural growth, not by an accident

I have caught a **disease**.
나는 병에 걸렸다.

disorder

명 **무질서, 혼란**

lack of order ; confusion

I fell into **disorder**.
나는 혼란에 빠졌어.

The problem threw me into **disorder**.
그 문제는 나를 혼란에 빠뜨렸다.

distance

명 **간격, 원거리**

separation in space or time

What is the **distance** from here to there?
여기서 저기까지의 거리는 얼마인가?

The goal is but a short **distance** away.
목적지는 얼마 안 남았다.

divide

동 나누다, …을 갈라놓다

to share ; to separate into parts

She **divided** a thing into two equal parts.
그녀는 물건을 이등분했다.

Administratively, the country is **divided** into counties.
행정상 그 나라는 주(州)로 나뉘어 있다.
county **명** 주(州)

draw

동 치다, 끌어당기다, 가까워지다

to cause to come, go, or move by pulling

The final day was **drawing** on.
최후의 날이 가까워졌다.

drill

동 훈련시키다, 연습시키다, (송곳으로) 구멍을 뚫다

to teach someone by making them repeat something, many times

The teacher **drilled** his students in English grammar.
선생님은 학생들에게 영문법 연습을 시켰다.

Drill a board.
널빤지에 구멍을 뚫어라.

drive

동 움직이다 **명** 여행

to guide and control vehicle

She **drives** well.
그녀는 운전을 잘한다.

This machinery is **driven** by steam.
이 기계는 증기로 움직인다.

drop

동 차에서 내려놓다, 잠깐 들르다

to allow (someone) to get out of a vehicle ; to visit unexpectedly or informally

Drop me at the next corner.
다음 모퉁이에서 내려 줘.

Let's **drop** in at Tom's house.
톰의 집에 잠깐 들러 보자.

due

형 …하기로 되어있는, … 때문에

expected, supposed to ; because of

My salary is **due** tomorrow.
나는 내일 월급을 받는다.

The accident is **due** to my mistake.
그 사고는 나의 실수 때문이다.

dust

동 먼지를 털다 **명** 먼지, 흙

to clean the dust from powder made up of very small pieces of waste or other matter

Dust the desk, please.
책상의 먼지를 털어 줘.

Everyone comes to **dust**.
모든 사람은 흙으로 돌아간다.

duty

명 의무, 임무

what one must do either because of one's job or because one thinks it right

I did it with a sense of **duty**.
나는 그것을 의무감으로 했지.

Everyone has his **duty** to one's country.
모든 사람은 국가에 대한 의무가 있다.

A/O

B/P

C/Q

D/R

E/S

F/T

G/U

H/V

I/W

J/X

K/Y

L/Z

M

N

E/e

earn

동 벌다, 얻다, 획득하다

to get money by working

She has to **earn** her daily bread.
그녀는 생활비를 벌어야 한다.

daily bread 매일의 양식
earn(gain=make) one's bread 밥벌이를 하다
He **earned** his medical degree abroad.
그 사람은 외국에서 의학 박사 학위를 받았다.

ease

명 편함, 안락함 동 ···을 쉬게 하다, 휴식시키다

the ability to do something without difficulty

Stand at **ease**! (군대에서) 쉬어!
Finally, I felt at **ease**. 마침내 나는 안심했다.
This medicine will **ease** your cramps.
이 약을 먹으면 위경련이 멎을 것이다.

edge

명 가장자리, 날, 변두리, 테두리

the thin sharp cutting part of a blade, tool, etc.

This razor has a keen **edge**.
이 면도기에는 예리한 칼날이 있다.

the edge of a plate
접시의 테두리

A/O

B/P

C/Q

D/R

E/S

F/T

G/U

H/V

I/W

J/X

K/Y

L/Z

M

N

elect

동 **선택하다, 선출하다**

to choose by voting

They **elected** him president.
그들은 그를 대통령으로 선출했다.

election 명 선거
A general **election** will be held in May.
총선거는 5월에 있을 것이다.

elective 형 선택의

employ

동 **고용하다, 쓰다**

to use as a paid worker ; appoint to a job

The task will **employ** 20 men.
그 일은 20명이 필요할 것이다.

Cleaning the rooms **employs** most of my time.
방들을 청소하는데 나의 대부분의 시간이 든다.

employment 명 일, 직업
employer 고용주
employee 직원

enter

동 **들어가다, (생각이) 떠오르다 (어떤 기분이) 일다**

to come or go into

He **enters** at the door. 그가 문으로 들어간다.
May I **enter**? 들어가도 괜찮습니까?
A new idea **entered** my head.
새로운 생각이 떠올랐어.

The bullet had **entered** his head.
총알이 그의 머리에 박혔다.

entrance 명 입장, 입학
entry 명 가입

equal

형 같은, 동등한

the same in size, number, value, rank, etc.

A yard is **equal** to three feet.
1야드는 3피트이다.

Two fives are **equal** to ten. 5가 둘이면 10이다.

escape

동 새어나오다, 도망치다 명 도망, 모면

to find a way out ; get out

The animals sometimes **escape** from their cages.
가끔씩 동물들이 우리에서 도망친다.

The air is **escaping** somewhere.
공기가 어디에선가 새어나오고 있다.

even

형 대등한, 수평한 부 …조차

forming a straight line

The chances of winning are **even**.
이길 수 있는 가능성은 반반이다.

Even a child can understand it.
어린이라도 그것을 이해할 수 있다.

examine

동 검사하다, 시험하다

to look at closely, in order to find out something

He **examined** the records. 그는 기록을 조사했다.

We **examined** pupils in French.
우리는 학생들에게 프랑스어 시험을 치르게 했다.

examination 명 시험

except

전 …을 제외하고, …이외에

not including

We all went **except** Tom.
우리는 탐을 제외하고 모두 갔다.

exception 명 예외
exceptional 형 예외의, 이상한

excuse

동 용서하다 명 변명, 핑계

to forgive for a small fault

Please **excuse** me for coming late.
늦게 온 것을 용서해 주세요.

It is just an **excuse**. 그것은 변명일 뿐이다.

exercise

명 운동, 훈련 동 수행하다

use of any part of the body or mind so as to strengthen and improve it

Swimming is a good **exercise**.
수영은 좋은 운동이다.

Exercise your duties.
의무를 수행해라.

expect

동 기대하다, 생각하다, 추측하다

to think that someone or something will come or that something will happen

Don't **expect** too much of your son.
아들에게 너무 많은 걸 기대하지 마라.

Do you **expect** he is guilty? 그가 유죄라고 생각하니?
expectation 명 기대, 예기, 예상

A/O
B/P
C/Q
D/R
E/S
F/T
G/U
H/V
I/W
J/X
K/Y
L/Z
M
N

experience

동 경험하다, 체험하다　**명** 경험

to feel, suffer, or know, as an experience

I **experienced** pain.
나는 고통을 경험했다.

She is an **experienced** teacher.
그녀는 경험 많은 교사다.

explain

동 설명하다, 해명하다

to give the meaning of something by speaking or writing

That **explains** everything.
그것이 모든 일을 설명해준다.

Explain why you did such a thing.
왜 그런 것을 했는지 설명해 보아라.

explanation **명** 설명, 해명, 변명

export

동 수출하다, 전하다, 퍼뜨리다 (↔ import)
명 수출, 수출품

to send out of a country for sale

The U.S. **exports** cars to many countries.
미국은 많은 나라에 자동차를 수출하고 있다.

prohibit the exports of ···의 수출을 금지하다

express

동 표현하다　**형** 특별한, 급행편의　**명** 급행

to show in words or in some other way

I can't **express** how grateful I am.
나는 내가 얼마나 고마운지 표현할 수 없다.

It is an **express** train. 그것은 급행열차이다.

extend

동 (공간 · 땅 · 시간)이 이르다, 걸치다; 연장하다
명 한도, 정도

(of space, land, or time) to reach, stretch, or continue ; to make longer or greater

The hot weather **extended** into October.
더운 날씨가 10월까지 계속되었다.

to **extend** the railroad to the next town
철도를 이웃 도시까지 연장하다

extension **명** 신장, 확장, 확대

F/f

fail

동 실패하다, (계획 등이) 잘되지 않다, (시험·학과에) 떨어지다, 낙제하다

to be unsuccessful

Mom, I **failed** in my examination.
엄마, 저 시험에 합격하지 못했어요.

I **failed** in persuading him.
그를 설득하는데 실패했다.

If you **fail**, try again.
실패하면 다시 해라.

without fail
틀림없이, 어김없이, 반드시 (▶명령 · 약속에 씀)

Phone me tonight without **fail**.
오늘밤 꼭 전화해 주세요.

fair

형 공정한, 상당한

free from dishonesty or injustice

It is not **fair**.
그것은 공정하지 않아.

It was suggested by a **fair** proportion of the population.
그것은 많은 주민에 의해서 제안되었다.

fall

동 떨어지다, (어떤 상태에) 빠지다

to descend through the air ; to pass into a new condition

The fruit **fell** off the tree. 열매가 나무에서 떨어졌다.
He **fell** in love with me. 그는 나와 사랑에 빠졌다.
fall - fell - fallen

fame

명 명성, 명예

the condition of being well known and talked about

I want to attain worldwide **fame**.
나는 전 세계적인 명성을 얻길 원한다.

fancy

명 꿈, 공상 형 공상의 동 공상하다, 자만하다

the power of creating imaginative ideas and expressions

These are mere **fancies**.
이들은 단지 꿈일 뿐이다.

Fancy that!
그런 일이 있다니!

I have a **fancy** that we will do rather well in the upcoming election.
이번 선거는 잘 될 것 같은 기분이 든다.

A/O

B/P

C/Q

D/R

E/S

F/T

G/U

H/V

I/W

J/X

K/Y

L/Z

M

N

fast

형 빠른, 날랜, 우정이 변함없는(quick, moving quickly)
부 빨리, 단단히

The train is really **fast**.
그 기차는 정말로 빠르다.

She is my **fast** friend.
그녀는 변함없는 나의 친구야.

fault

명 흠, 결점, 잘못

a mistake or imperfection

With all his **faults**, I like him better than the rest.
그의 결점에도 불구하고 나는 다른 누구보다 그를 좋아한다.

with all
-에도 불구하고

It's my **fault**.
내 잘못이야.

feather

명 깃털

Birds of a **feather** flock together.
끼리끼리 모인다. (유유상종)

Fine **feathers** make fine birds.
깃털이 예뻐야 새도 예뻐 보인다. (옷이 날개)

fellow

명 동급생, 동료

We were **fellows** at school.
우리는 동급생이었다.

fine

형 **훌륭한, 가는** 동 **벌금을 과하다**

better than most of its kind ; very thin ; to take money from as a punishment

I've got a **fine** hair.
내 머리카락은 가늘다.

He was **fined** 8 dollars.
그에게 8달러의 벌금이 부과되었다.

finish

동 **끝내다, 다 먹어버리다**

to come or bring to an end ; to eat or drink the rest of

Have you **finished** writing a letter?
편지 다 썼니?

Let's **finish** the wine.
와인을 다 마셔버립시다.

finishing 형 끝손질의, 마무리의
finished 형 완전한, 더할 나위 없는

flat

형 **평평한, 재미없는** 부 **딱 잘라서**

smooth and level

I tell you **flat**.
너에게 딱 잘라 말하겠다.

The movie was **flat** to me.
그 영화는 지루했다.

I have a **flat** tire.
제 차 바퀴가 구멍 났어요.

flock

명 떼 동 모이다, 무리 짓다

Look at the **flock** of sheep! 저 양떼를 봐!
The children **flocked** round her.
어린이들은 그녀 주위에 모였다.

Birds of a feather **flock** together.
깃털이 같은 새는 한데 모인다. (유유상종)

flow

동 흐르다, 생기다 명 만조

to run of spread smoothly like a river ; pour

Blood was **flowing** from his wound.
그의 상처에서 피가 흘렀다.

Tears **flowed** down her cheeks.
눈물이 그녀의 뺨을 타고 흘러내렸다.

fly

동 날아가다, 날다

to move through air on wings

I am going to **fly** to New York.
나는 비행기 타고 뉴욕으로 갈 것이다.

fly - flew - flown

follow

동 …을 따라오다, 뒤에 오다

to come or go after

My dog **follows** me everywhere.
우리 개는 어디나 나를 따라온다.

After spring summer **follows**.
봄 뒤에 여름이 온다.

A/O

B/P

C/Q

D/R

E/S

F/T

G/U

H/V

I/W

J/X

K/Y

L/Z

M

N

fond

형 좋아하는, 상냥한

loving in a kind, gentle, of tender way

He signed the letter, "With **fondest** love, George."
"사랑해요, 조지가."라고 그는 편지에 서명했다.
I am **fond** of my father. 나는 내 아버지를 좋아한다.

form

명 외관 동 형성하다, 조직하다

shape ; appearance ; to take or make into a shape

She has a well-proportioned **form**.
그녀는 몸매가 균형이 잡혀 있다.
The children **formed** a club. 아이들은 클럽을 조직했다.
formality 명 형식

former

형 과거의, 지난날의 명 전자

of an earlier time ; the first of two people or things just mentioned

She is now more like her **former** self.
그녀는 이전의 그녀답게 되었다.
Of the two men, I prefer the **former** to the latter.
나는 두 사람 중에서 후자보다 전자를 좋아한다.
prefer A to B B보다 A를 더 좋아하다

fortune

명 큰 돈, 부

wealth, a large amount of money

I heard his father is a man of **fortune**.
나는 그의 아버지가 재산가라는 것을 들었다.

Health is worth a **fortune**. 건강은 재산만큼의 값어치가 있다.
He lost his **fortune**. 그는 재산을 잃었다.
fortunately 부 다행히도
fortuneteller 명 점쟁이

found

동 **설치하다, 세우다**

to start building ; establish

He **founded** a house upon a rock.
그는 암반 위에 집을 세웠다.

His claim was **founded** on fact.
그의 주장은 사실에 입각하고 있다.

found - founded - founded
find - found - found (찾다)

frame

명 **구조** 동 **틀에 넣다, 만들다**

the main supports over and around which something

He is a man with a powerful **frame**.
그는 매우 강한 골격을 가진 남자이다.

They **framed** a picture.
그들은 그림을 액자에 넣었다.

free

형 **자유로운, 속박 받지 않는**
동 **해방하다, 자유롭게 해주다**

able to act as one wants

You are **free** to do as you like. 네 마음대로 해도 좋다.
Set me **free**. 나를 놓아줘.

fruit

명 **열매, 성과**

A tree is known by its **fruit**.
열매를 보면 나무를 안다.
(크게 될 나무는 떡잎부터 알아본다)

It is the **fruits** of education. 그것은 교육의 성과라고 생각한다.

A/O
B/P
C/Q
D/R
E/S
F/T
G/U
H/V
I/W
J/X
K/Y
L/Z
M
N

fry

동 기름으로 튀기다

to be cooked in hot fat or oil

Mom is **frying** fish with frying pan.
엄마가 튀김냄비로 생선을 튀기고 있다.

furnish

동 갖추다, 공급하다, 비치하다

to put furniture in a room or building

He **furnished** everyone with a pencil.
그는 각자에게 연필을 한 자루씩 주었다.

He decided to **furnish** food to the hungry.
그는 굶주린 사람들에게 먹을 것을 공급해주기로 했다.

G/g

gain

동 얻다, 증가시키다 명 이득

to obtain ; to make a profit or increase in amount

Nothing can be **gained** without an effort.
노력 없이는 아무것도 얻을 수 없다.

The play **gained** her great popularity.
그 연극 때문에 그녀는 큰 인기를 얻었다.

You have little to **gain** and much to lose.
당신은 얻는 것은 적고 잃은 것은 많군요.

gather

동 모으다, 집중시키다, 모여들다

A rolling stone **gathers** no moss.
구르는 돌에는 이끼가 끼지 않는다.

I took a moment to **gather** my thoughts.
나는 생각을 가다듬기 위해서 잠시 지체했다.

general

형 전반적인, 대다수의, 공통의, 일반적인

concerning or felt by everybody or most people

The cold weather has been **general**.
전국적으로 추운 날씨가 계속되고 있다.

It is a **general** opinion.
그것은 전반적인 생각이다.

generally **부** 일반적으로, 널리

gentle

형 온화한, 인자한, 상냥한

not rough or violent in manner or movement ; kind ; soft

He has a **gentle** nature.
그는 온화한 성품을 가졌다.

The old woman is **gentle** with children.
그 나이든 여자는 아이들에게 인자하다.

gently **부** 온화하게, 조용히

glow

동 타는 듯이 빛나다 **명** 타는 듯이 선명함

to give out heat and light without flames or smoke

Look at the ruddy **glow** of a neon sign.
네온사인의 붉은 빛을 봐라.

the glow of burning coals 이글이글 타는 석탄 불빛

grain

명 곡물, 소량

a seed of rice, wheat, or other such food plants

Rice is a kind of grain.
쌀은 곡물의 일종이다.

She has not a grain of sense at all.
그녀는 상식이라곤 도무지 없는 사람이다.

grand

형 웅대한, 웅장한

splendid in appearance

Look at the grand view of the ocean.
저 바다의 웅장한 모습을 봐라.

grandeur 명 위엄, 웅대, 장엄

grave

명 무덤, 묘(tomb) 형 엄숙한, 진지한

the place in the ground where a dead person is buried

He is in his grave.
그는 죽었다.

from the cradle to the grave
태어나서 죽을 때까지 (요람에서 무덤까지)

I don't like grave music.
나는 엄숙한 음악은 좋아하지 않아.

gray

형 어두운, 음울한

of the color like black mixed with white

The future looks gray.
미래의 전망은 어둡다.

A/O

B/P

C/Q

D/R

E/S

F/T

G/U

H/V

I/W

J/X

K/Y

L/Z

M

N

greet

동 인사하다, 맞이하다, 환영하다

to welcome on meeting

He **greeted** people with "Happy New Year" on TV.
그는 TV에서 사람들에게 "새해 복 많이 받으세요." 하고 인사했다.

A splendid sight **greeted** my eyes.
훌륭한 광경이 내 눈에 들어왔다.

ground

명 땅, 의견, 견해

the surface of the earth ; an argument or position which one will defend

Lie on the **ground**. 땅 위에 엎드려라!

He refused to give **ground** in the argument.
그는 논쟁에서 자기 견해를 양보하지 않았다.

guard

동 지키다, 보호하다 명 보초, 위병

to defend ; keep safe, esp. by watching for danger

We keep dogs to **guard** our house.
우리는 집을 지키기 위해 개들을 기르고 있다.

guess

동 추측하다, 짐작하다 명 짐작, 추측

to form of risk giving without knowing or considering all the facts

Can you **guess**? 추측 할 수 있겠니?
Guess how much. 얼마인지 맞혀봐.

guide

동 안내하다, 지도하다 명 여행 안내, 안내인

to act as a guide to

The blind man was **guided** by his dog. 장님은 개의 인도를 받았다.
He **guided** me in reading. 그는 나에게 올바른 독서를 지도했다.

H/h

hail

동 갈채하며 맞이하다, 부르다 **명** 우박

to call out to someone on greeting or to gain attention

The crowd **hailed** the victor. 군중은 승리자를 환영했다.
I **hailed** a taxi. 나는 택시를 소리쳐 불렀다.

haste

명 서두름, 신속

quick movement or action

Haste makes waste. 서두르면 일을 망친다.
I'm in **haste** to get there on time.
제 시간에 도착하기 위해 서두르고 있다.

head

명 머리, 두뇌 **동** …으로 향하다

He has a clear **head**. 그는 명석한 두뇌를 가졌다.
We were **heading** for the hotel. 우리는 호텔로 향하고 있었다.

hide

동 (사람·물건을) 숨기다, 감추다, 비밀로 하다

to put or keep out of sight, make or keep secret

My brother **hid** a key in the flowerpot.
내 동생이 화분에 열쇠를 감췄어.

He **hid** himself behind the door. 그는 문 뒤에 숨었다.
He's **hiding** his feelings, now. 그는 지금 감정을 드러내지 않고 있어.
hide - hid - hidden

hold

동 꼭 잡고 있다, 수용하다, 멈추다, 억누르다 **명** 붙잡기

to keep or support with a part of th body

The dog **held** the newspaper in its mouth.
개가 입으로 신문을 물고 있었다.

She **held** her arm still while the doctor looked at it.
그녀는 의사가 팔을 살펴보는 동안 움직이지 않았다.

Hold fast to dreams. 꿈을 꽉 잡아라.

hold fast to - -을 꽉 잡다

home

명 집 **형** 가정의 **부** 자기 집으로

There is no place like **home**. 집보다 좋은 곳은 없다.

homely **형** 가정적인, 검소한

honest

형 공정한, 정직한

trustworthy ; not likely to lie or to cheat

You are **honest** to admit your mistake.
자기 잘못을 인정하다니 정직하구나.

Be **honest**! 정직해라! honesty **명** 정직, 성실

honor

명 존경, 영광

great respect

Honor is satisfied.
명예가 만족되어 면목이 섰다.

We gave dinner in **honor** of Mr. Smith.
우리는 스미스 씨를 위하여 만찬회를 열었다.

human

형 인간의, 사람에 관한

of concerning people

To error is **human**, to forgive divine.
잘못은 인간이 저지르고, 용서는 신이 한다.
humane 형 친절한, 인도적인

hurt

동 아프다, 불쾌해하다, 다치다

to cause pain or damage

My back still **hurts**.
내 등이 아직 아프다.
I will **hurt** you.
네게 따끔한 맛을 보여주겠다.

I/i

imagine

동 상상하다, 추측하다

to form a picture or idea in the mind

Just **imagine** how angry I was.
내가 얼마나 화가 났을지 상상해 봐.
Can you **imagine** their doing such a thing?
그들이 그런 짓을 하고 있는 것을 상상할 수 있니?
imagination 명 상상력, 창조력
imaginable 형 상상할 수 있는
imaginary 형 상상의, 가상의
imaginative 형 상상력이 풍부한

immediate

형 즉각의, 직면한, 바로 이웃의

done or needed at once ; nearest

We must take **immediate** action.
우리는 즉각 행동을 개시해야 한다.

It is **immediate** information.
직접 인수한 정보야.

immediately 부 곧, 당장, 즉시 전 …하자마자

improve

동 향상시키다, 좋아지다

to (cause to) become better

His health is **improving**.
그의 건강이 좋아지고 있다.

It was very helpful to **improve** my English.
그것은 내 영어를 향상시키는 데 도움이 되었다.

improvement 명 개선, 향상

include

동 포함하다, 포괄하다

contain in addition to other parts

The book **includes** an index. 그 책에는 색인이 붙어 있다.
Please **include** me in your group. 당신의 그룹에 저를 끼워주세요.

increase

동 많아지다, 증대하다 명 증가

to make or become larger in amount or number

His salary was **increased**.
급료가 인상되었다.

We **increase** in age, but not always in wisdom.
사람이 나이가 많아진다고 반드시 지혜도 많아지는 것은 아니다.

inform

동 …에게 …이라고 알리다

to give information to

He **informed** me that I have to leave at once.
그는 내가 당장 떠나야 한다고 내게 알렸다.

He **informed** me of his decision.
그는 그가 결정한 내용을 내게 알려 주었다.

instant

명 순간 바로, 즉시　형 즉시의, 즉각적인

a moment or point of time

Something passed in an **instant**.
뭔가 순식간에 지나갔다.

Turn off the T.V. this **instant**.
즉시 텔레비전을 꺼라.

an instant answer 즉답

interest

명 흥미, 이익　동 관심을 갖게 하다

a readiness to give attention ; to make (someone) feel interest

I say this in your **interest**.　너를 위해서 이 말을 한다.
What are you **interested** in?　너는 무엇에 관심이 있니?
interesting 형 흥미있는, 재미있는

issue

동 나오다　명 발행물, 논점

the act of coming out or bringing out something

No words **issued** from him.
그는 한마디도 하지 않았다.

Have you seen the latest **issue** of the magazine?
그 잡지의 최신호를 보셨습니까?

J/j

A/O

B/P

C/Q

D/R

E/S

F/T

G/U

H/V

I/W

J/X

K/Y

L/Z

M

N

judge

동 평가하다, 재판하다 명 재판관

to act as a judge (in)

The court **judged** him guilty.
법정은 그에게 유죄 판결을 내렸다.

A man is **judged** by the company.
사람은 친구에 의해서 평가된다.

judgment 명 판단, 판정, 판결

justice

명 정의, 재판

rightness ; the action of power of the law

He has a strong sense of **justice**.
그는 정의감이 강하다.

There is some **justice** in his claim.
그의 주장에도 일리가 있다.

K/k

keep

동 막다, 계속하다

to control prevent from increasing

Parents must keep children from going there.
부모들은 아이들이 그런 곳에 가는 것을 막아야 한다.

Coffee keeps me awake.
커피를 마시면 나는 잠이 안 온다.

kind

명 종류 **형** 다정한

a group, the members of which share certain qualities ; type; sort

We sell hats of all kinds.
우리는 모든 종류의 모자를 판다.

Haven't you got any other kind?
다른 종류의 것을 가지고 있습니까?

She is very kind.
그녀는 매우 친절하다.

knack

명 솜씨, 요령, 버릇

a special skill of ability

I have a knack for drawing maps.
나는 지도 그리는 요령을 알고 있다.

kneel

동 무릎을 꿇다

to go down or remain on the knee

They **knelt** down in prayer.
그들은 무릎을 꿇고 기도했다.

kneel - knelt - knelt 또는 kneel - kneeled - kneeled

knock

동 똑똑 두드리다, 노크하다(at, on …), 부딪히다

Please, **knock** on the door before you come in!
제발 들어오기 전에 노크 좀 해요!

He **knocked** into a wall.
그는 벽에 부딪혔어.

L/l

labor

동 일하다, 어렵게 움직이다　명 노동

to work ; to move or act with difficulty

She **labored** up the hill with her bags.
그녀는 가방을 메고 힘들게 언덕을 올라갔다.

The students **labor** under the heavy burden of memorizing.
학생들은 암기라는 무거운 짐에 허덕인다.

land

명 지역, 나라, 육지 동 항구에 닿다, 도착하다

The ship **landed** at Busan.
배가 부산에 도착했다.

landscape 명 풍경, 경치

last

형 마지막의, 절대로 …할 것 같지 않은 동 계속되다
명 최후의 것

after everything else

He is the **last** man to tell a lie.
그는 결코 거짓말할 사람이 아니다.

The conference **lasted** five days.
그 회의는 5일간 계속되었다.

late

형 늦은 부 늦게

arriving, happening, etc., after the usual, arranged, or expected time

Why were you so **late**?
왜 그렇게 늦었니?

She is **late** for work every morning.
그녀는 매일 아침 직장에 지각한다.

lavish

동 아낌없이 주다 형 아낌없는

generous or spend freely, generously

I am **lavish** in giving my money on the poor.
나는 가난한 사람들에게 아낌없이 돈을 준다.

He **lavishes** with his money.
그는 돈을 아끼지 않고 쓴다.

lead

图 (남의) 길 안내를 하다, 이끌다, (어떤 결과로) 이끌다

to bring or show the way to a person by going in front

The guide will **lead** you to the monument.
안내자가 기념비까지 안내할 겁니다.

We were **led** to another conclusion.
우리는 또 하나의 결론에 도달했다.

Praise **leads** a child to study harder.
칭찬해 주면 어린이는 더 열심히 공부하게 된다.

leading 图 이끄는, 선도하는

leap

图 뛰다, 건너뛰다 图 비약, 도약

to jump through the air, often landing in a different place ; a sudden jump, spring, or movement

Look before you **leap**.
실행하기 전에 잘 살펴라.

He **leaped** out of bed.
그가 침대에서 벌떡 일어났다.

I **leaped** to my feet the sound of the explosion.
나는 폭발하는 소리에 벌떡 일어섰다.

leave

图 …을 떠나다 …한 채로 두다, 맡기다

to go away ; to allow to remain, esp, after going away

When did he **leave** here?
그가 여기를 언제 떠났니?

I'll **leave** the matter to you.
나는 그 문제를 너에게 맡기겠다.

license

명 면허, 면허증 **동** 인가하다

an official paper, card ; to give official permission to or for

The book was licensed.
그 책은 허가되었다.

life

명 생명, 목숨

the active force that enables (animals and plants) to continue existing

It is a matter of life and death.
그건 생사의 문제야.

The policeman gave his life for her.
그 경찰은 목숨을 버리면서 그녀를 구했어.

lifelike **형** 실물 그대로의

lift

동 들어 올리다, 열다 **명** 태워주기

to bring from a lower to a higher level

I can't lift them.
나는 그것들을 들 수가 없다.

Lift your head up!
고개를 들어라!

list

동 명부, 목록 **명** 목록에 싣다

a set of names of things written one after the other, so to remember them or keep then in order

It's still on the secret list.
그것은 아직 극비다.

Do you know this word? It is not listed in the dictionary.
이 단어의 뜻을 아니? 사전에 나와 있지 않구나.

loaf

명 한 덩어리, 빵

bread shaped and baked in one piece

Half a **loaf** is better than no bread.
반이라도 없는 것보다는 낫다.

five loaves of ginger bread
생강이 든 빵 5개

lodge

동 박히다, 묵게 하다 명 오두막집

to settle of fix firmly in a position ; to stay

The fish bone **lodged** in his throat.
생선뼈가 그의 목구멍에 박혔다.

Can you **lodge** us for tonight?
우리를 오늘 밤 묵게 해주시겠습니까?

lose

동 잃다, 지다, 벗어나다, 손해보다

to come to be without ; fail to find

I've **lost** my cold.
감기가 떨어졌다.

She **lost** her way in the darkness.
그녀는 어둠 속에서 길을 잃었다.

low

형 낮은 부 낮게

being or reaching not far above the ground, floor, base, or bottom; not high

Don't value yourself too **low**.
자신을 너무 과소평가 하지 마라.

lower 동 낮추다

M/m

magnet

명 자석, 사람의 마음을 끄는 사람

It's a bar **magnet**.
막대자석이다.

The sale was a **magnet** for customers.
염가판매는 손님을 끌었다.

manage

동 용케도 …하다, 경영하다

to succeed in dealing with ; to control or guide)

I can **manage** it.
그거 내가 할 수 있어.

My father **manages** a hotel.
우리 아빠는 호텔을 경영하신다.

master

명 주인, 가장 동 정복하다 형 뛰어난, 훌륭한

a man min control of people, animals, or things

He is **master** in his own house.
그는 한 집안의 가장이다.

Technology enabled men to **master** their environment.
기술의 발달로 사람들은 그들의 환경을 지배할 수 있게 되었다.

matter

명 문제, 사건 동 관계가 있다, 중요하다

a subject to which one gives attention

It is very important **matter**. 그것은 아주 중요한 문제야.
What is the **matter**? 무엇이 문제니?
It doesn't **matter** to me. 그것은 나하고 상관없는 일이다.
Black lives **matter**. 흑인의 목숨도 소중하다.

meet

동 만나다, 마주치다, 만족시키다

to come together, by chance or arrangement ; to satisfy

What time do you want to **meet** me?
몇 시에 나를 만나길 원하니?

Does the hotel **meet** your expectations?
그 호텔이 마음에 듭니까?

mental

형 정신의, 마음의

of the mind

He made a **mental** note of her name.
그는 그녀의 이름을 마음속에 새겼다.

He has a **mental** illness. 그는 정신병이 있다.

mind

명 마음, 정신 동 꺼리다, 기억하다

a person's way of thinking or feeling ; thoughts

His **mind** was not capable of grasping the significance of the problem. 그의 머리로는 문제의 중요성을 이해할 수 없었다.
Would you **mind** my opening the window?
제가 창문을 열어도 될까요?

Would you **mind** opening the window? 창문 좀 열어주시겠습니까?
*두 문장의 의미 차이를 명심할 것

A/O
B/P
C/Q
D/R
E/S
F/T
G/U
H/V
I/W
J/X
K/Y
L/Z
M
N

mistake

명 잘못 **동** 잘못 생각하다, 잘못하다

a wrong thought, act

It was your **mistake** not to go earlier.
좀 더 빨리 가지 않은 것은 네 실책이다.

She is frequently **mistaken** for her mother.
그녀는 자주 그녀의 어머니로 착각된다.

mix

동 섞다, 결합시키다, 섞이다

to be combined so as to form a whole, of which the arts cannot be separated one from another

You can't **mix** oil with water. 기름을 물과 섞을 수 없다.
These colors **mix** well. 이 색깔들은 잘 섞인다.

move

동 이사하다, 이동하다, 감동시키다

to change place or bodily position ; to cause feelings of pity, sadness, anger, etc.

We are **moved** into this apartment. 우리는 이 아파트로 이사했다.
The movie **moved** us to tears.
그 영화는 우리를 감동시켜 눈물을 흘리게 했다.

movement **명** 몸짓, 몸가짐, 태도, 운동

murmur

명 낮고 불분명한 계속음, 속삭임, 투덜거림
동 (시냇물 등이) 졸졸거리다, (바람·나뭇잎 등이) 살랑거리다, 속삭이다, 불평하다

a soft low sound (to make a soft sound, to speak or say in a quiet voice)

Listen to the **murmur** of the sea. 저 바다의 소리를 들어봐.
She did it without a **murmur**. 그녀는 한 마디 불평도 없이 그 일을 했다.
The brook is **murmuring** over the pebbles.
시냇물이 조약돌 위를 졸졸 흐르고 있다.

We **murmured** at the hard homework.
우리는 어려운 숙제에 대해서 투덜거렸다.

N/n

A/O

B/P

C/Q

D/R

E/S

F/T

G/U

H/V

I/W

J/X

K/Y

L/Z

M

N

nation

명 국민, 국가

a large group of people living in one area and usu. having an independent government

Each **nation** has a flag of its own.
국가마다 국기가 있다.

The entire **nation** opposed the treaty.
전 국민이 그 조약에 반대했다.

nationality 명 국적

nature

명 천성, 성질

the qualities which make someone different from others

Habit is a second **nature**.
습관은 제2의 천성이다.

He has a kindly **nature**.
그는 천성적으로 친절하다.

natural 형 자연의, 천연의

noble

형 기품 있는, 숭고한

of high quality ; worthy

At your **noble** pleasure.
분부대로 거행하겠나이다. (고귀한 사람에게)

She is a woman of **noble** birth.
그녀는 귀족 태생의 여자이다.

noise

명 잡음, 시끄러운 소리

unwanted, unpleasant, or confused sound

Don't make such a **noise**.
그렇게 시끄러운 소리를 내지 마라.

noisy **형** 소란스런, 떠들썩한
Don't be **noisy**! 떠들지 마라!

P/p

pace

명 속도, 걸음걸이

rate or speed in walking, running, etc.

I am getting up the **pace**.
나는 보조를 빠르게 하고 있어.

The car gathered **pace**.
자동차가 속도를 올렸다.

pack

명 떼, 무리, 대량 **동** 포장하다, 꾸리다

a collection, group ; to put into for traveling or storing

The whole story was a **pack** of lies.
그 이야기는 모두 거짓말뿐이다.

They were busy **packing** for a trip.
그들은 여행을 가기 위해 짐을 꾸리느라고 바빴다.

pale

형 **창백한, 희미한**

having less than the usual amount of color

She turned **pale** at the sight.
그녀는 그 광경을 보고 창백해졌다.

part

명 **부분, 일부** 동 **나뉘다, 조각내다**

a piece which is less than the whole

Only **part** of the story is true.
이야기의 일부분만이 사실이야.

The group is singing in four **parts**.
그 그룹은 4부 합창으로 노래한다.

pass

동 **통과하다, 건네주다**

to reach and move beyond a person or place ; to give

I **passed** the restaurant on my way to the library.
도서관으로 가는 도중에 그 레스토랑을 지나갔다.

Please, **pass** the butter.
버터 좀 건네주세요.

path

명 **통로, 길**

as open space made to allow forward movement

He was walking a narrow **path**.
그는 좁은 길을 걷고 있었다.

A/O

B/P

C/Q

D/R

E/S

F/T

G/U

H/V

I/W

J/X

K/Y

L/Z

M

N

peep

동 엿보다, 훔쳐보다 **명** 엿보기, 들여다보기

to look quickly and secretly ; a short incomplete, and perhaps secret look

The moon was **peeping** out through the clouds.
달이 구름 사이로 얼굴을 내밀고 있었다.

Don't **peep** at your neighbors.
이웃 사람을 엿보아서는 안 된다.

perfect

형 더할 나위 없는, 완벽한 **동** …을 완전하게 하다

of the very best possible kind, degree, of standard

The weather has been **perfect** these few days.
요즈음 며칠간 날씨는 더할 나위 없이 좋았다.

Practice makes **perfect**. 연습하면 완전해진다.

He has **perfected** himself in English.
그는 영어를 완전히 통달했다.

perfection **명** 완성, 마무리

person

명 사람, 인물

He came in **person**.
그는 본인이 직접 왔다.

in person
손수, 몸소

I had no money on my **person**.
나는 돈을 한 푼도 가지고 있지 않았다.

personal **형** 개인적인, 개인에 관한
personality **명** 성격, 성질, 인격

pick

동 따다, …을 고르다, 선택하다, 가리다

Pick your words.
말을 골라서 해라.

She **picked** me an apple.
그녀는 나에게 사과를 따주었다.

picture

명 그림, 사진, 꼭 닮은 것　동 상상하다

a painting or drawing

The ship was a perfect **picture**.
그 배는 마치 한 폭의 그림 같았다.

He **pictured** his wedding to a beautiful woman.
그는 아름다운 여인과의 결혼을 상상해 보았다.

pilot

명 (비행기) 조종사　동 안내하다, 조종하다

a person who flies an aircraft ; to help and guide

She will **pilot** you through the new building.
그녀가 새 건물을 안내해 줄 것이다.

plain

형 알기 쉬운, 솔직한

easy to see, hear, or understand

The problem is quite **plain** to us.
우리에게 그 문제는 아주 간단하다.

You will forgive my **plain** speaking.
솔직하게 말씀드리는 것을 용서해주시오.

please

동 기쁘게 하다, …의 마음에 들다

to make happy, give pleasure

I am **pleased** to see you.
당신을 만나서 기뻐요.

Do as you **please**.
좋을 대로 하십시오.

pleasure

명 기쁨, 쾌락

the feeling of happiness or satisfaction resulting from an experience
that one like

It's my **pleasure**.
천만에요.

I'm going abroad for **pleasure**.
나는 놀러 외국에 갈 것이다.

point

동 겨누다 명 점, 목표

to hold out a finger, etc., in order to show direction of position or to
cause someone to look

I **pointed** my camera at him.
카메라를 그에게 향하게 했다.

What is the **point** of the story?
그 이야기의 요점은 무엇인가?

poor

형 서투른, 빈약한, 가난한

low in quality ; having very little money

I am **poor** at outdoor sports.
나는 실외경기에는 서툴다.

His eyesight is **poor**.
그의 시력은 나쁘다.

popular

A/O

형 대중의, 인기 있는

favored by many people ; well liked

He is a **popular** singer with teenage fans.
그는 십대들에게 인기 가수야.

B/P
C/Q

post

D/R

명 우편 동 우체통에 넣다

Yesterday the **post** was light.
어제는 우편물이 적었다.

Please **post** this letter at once.
이 편지를 당장 부쳐주렴.

postage 명 우편요금

E/S
F/T
G/U

praise

H/V

동 칭찬하다 명 칭찬

to speak favorably and with admiration of

I **praise** him for his diligence.
나는 그의 근면함을 칭찬한다.

I want to speak words or **praise** for the girl.
그 소녀에게 찬사를 던지고 싶다.

I/W
J/X
K/Y

prepare

L/Z

동 …의 준비를 하다

to get ready ; make ready

Let's **prepare** our lessons. 우리 학과를 예습하자.
The teacher is **preparing** the students for the final examination.
선생님은 학생들에게 기말시험 준비를 시키고 있다.

M
N

present

동 주다, 선사하다　명 현재, 지금, 선물　형 현재의

to give something away, esp. at a ceremonial occasion

He **presented** me with an album.
그는 내게 앨범을 선물했다.

Those **present** were all surprised.
참석한 사람들 모두가 놀랐다.

presence 명 있음, 존재, 출석, 면전

press

동 누르다, 압축하다, 다리다　명 보도

to push firmly and steadily ; to give a smooth surface and a sharp fold by using a hot iron

The boy **pressed** his nose against the window.
소년은 창문에 코를 콕 댔다.

She **pressed** her lips firmly together.
그녀는 입을 꽉 다물었다.

The company advertised in the **press**.
그 기업은 신문에 광고했다.

print

동 찍다, 발행하다　명 인쇄, 글씨체

to press onto paper by using shapes covered with ink or paint

The last on this page hasn't been properly **printed**.
이 페이지의 마지막 행은 잘 인쇄되지 않았다.

I can't read small **print** without my glasses.
안경 없이는 작은 글씨를 읽을 수가 없다.

promise

명 약속, 맹세 동 약속하다, 맹세하다

a statement, which someone else has a right to believe and depend on, that one will or will not do something, give something, etc.

He **promised** to help. 그는 도와주겠다고 약속했다.
I **promised** my boss never to be late.
상사에게 절대로 지각하지 않겠다고 약속했다.

give (make) a promise 약속하다
keep (carry out) one's promise 약속을 지키다
break one's promise 약속을 깨뜨리다

proper

형 어울리는, 고유의, 특유의

suitable, correct ; itself

It is the **proper** clothes for wedding.
이것은 결혼식에 어울리는 옷이다.

These are the customs **proper** to Africa.
이것은 아프리카 특유의 관습들이다.

prove

동 입증하다, 증명하다

to give proof of ; show to be true

Who can **prove** it? 누가 그것을 증명할까?
The rumor **proved** to be true. 그 소문은 사실로 판명되었다.

pull

동 당기다, 뽑아내다

to move something along behind one while moving

Why do you **pull** me by the ear?
왜 나의 귀를 잡아당기니?
The drawer won't **pull** out. 서랍이 잘 빠지지 않는다.

punctual

형 시간을 엄수하는

not late ; happening ; at the exact time

Be **punctual** to the minute.
정확히 시간을 엄수해라.
punctually 부 시간을 엄수하여, 정시에(on time)

pupil

명 학생

a person, a child, who is being taught

I took him as **pupil**. 나는 그를 학생으로 생각했다.

pure

형 순수한, 깨끗한

not mixed with any other substance, esp. dirt or other harmful matter

He is **pure** in thought. 그는 생각하는 것이 순수하다.
purity 명 순수, 깨끗함

purpose

명 목적, 의지

an intention or plan ; reason for an action

For what **purpose** did he come here?
그는 무슨 목적으로 이곳에 왔을까?
He only spoke for the **purpose** of conducting business.
그는 사업을 위해 말했던 것뿐이다.

R/r

race

명 경주, 인종 동 경주하다, 경쟁하다

a competition in speed ; one of the divisions of human beings, each with a different type of body

The **race** is not to the swift.
빠른 경주자라고 선착하는 것은 아니다.

the black · white · yellow **races** 흑 · 백 · 황인종

rank

동 분류하다, 등급을 매기다 명 지위, 계급

to be or put in a certain class ; degree of value, ability, importance in a group

She **ranked** close to the top.
그녀는 상위 등급이다.

They are the upper **ranks** of society.
그들은 상류 계급의 사람들이다.

rare

형 좀처럼 없는, 보기 드문

unusual ; not common

Such instances are **rare** nowadays.
오늘날 그런 일은 드물어.

It is **rare** for her to get angry.
그녀가 화를 내는 것은 드문 일이야.

rarity 명 진품, 진귀한 것

rather

부 상당히, 꽤, 오히려, 차라리

to some degree ; more willingly

She speaks English **rather** well. 그녀는 영어를 꽤 잘한다.
I would **rather** die than live in disgrace.
수치스럽게 사느니 차라리 죽겠다.
would rather A than B B 하느니 차라리 A 하겠다

reach

동 도착하다, 들어가다, 이르다 명 범위

to arrive at ; get to

They **reached** their destination.
그들은 목적지에 도착했다.

It is not within **reach** of his power.
그것은 그의 능력 밖의 일이다.

real

형 진짜의, 현실의, 실재의

actually existing ; true not false

It seems quite **real**. 그거 진짜처럼 보인다.
He is my **real** friend. 그는 나의 참다운 친구다.
reality 명 현실, 진실
realism 명 현실주의, 현실성

rear

동 기르다, 양육하다, 뒷다리로 서다 명 뒤, 후방

to care for until fully grown ; to rise upright on the back legs

to rear a large family 대가족을 부양하다
The horse **reared** and threw me off.
말이 뒷발로 서서 나를 내동댕이쳤다.
A hill lay to his **rear**. 그의 뒤쪽에 언덕이 있었다.

reason

명 **이유, 이성**
동 **도리를 설명하다, 설득하여 …하게 하다**

the cause of an event

She stopped it for **reasons** of health.
그녀는 건강상의 이유로 그만두었다.

At that time, I didn't reach the age of **reason**.
그 당시, 나는 분별할 수 있는 나이가 아니었다.

I can't **reason** with a child. 아이에게 이유를 설명할 수가 없구나.

reasonable 형 적당한, 적합한, 알맞은

refuse

동 **거절하다, 아무리 …해도 …하지 않다**

not to accept or do or give

He **refused** me my request. 그는 나의 요청을 거절했다.
The wood **refused** to burn.
그 나무는 좀처럼 불이 붙지 않았다.

refusal 명 거절, 거부, 사절

regard

동 **여기다, 고려하다** 명 **존경, 경의**

to consider; respect

She **regards** the discovery of little value.
그녀는 그 발견을 가치 없게 여긴다.

I hold her in high **regard**. 나는 그녀를 굉장히 존경한다.

regular

형 **규칙적인, 정규의, 공인된**

happening, coming, doing something, again and again with the
same length of time between each occasion

Lead a **regular** life for your health.
건강을 위해 규칙적인 생활을 해라.

regularity 명 규칙적임

rejoice

동 기쁘게 하다, 즐겁게 하다

to feel or show great joy

The sight **rejoiced** our eyes. 우리는 그 광경을 보고 즐거워했다.
Always **rejoice**! 항상 기뻐하라!

remain

동 체류하다, 남아있다, …인 채 그대로 있다

to stay or be left behind after others have gone

His eyes **remained** on her.
그의 눈은 그녀에게 쏠려 있었다.
Nothing **remains** of old Seoul.
옛날 서울의 모습은 하나도 남아있지 않다.

repair

명 수리, 수선 동 수선하다, 회복하다

an act or result of mending

The house is under **repair**.
그 집은 수리중이다.
The machine is kept in good **repair**.
그 기계는 손질이 잘 되어 있다.

require

동 필요로 하다, 요구하다

to need ; to demand

What does it **require** me to do?
그것을 하는데 내가 어떻게 해야 합니까?
You are **required** to wear uniforms.
여러분은 제복을 착용해야 한다.

respect

명 존경, 경의　동 존중하다, 중시하다

admiration ; feeling of honor

He wins the **respect** of people.
그는 사람들의 존경을 받는다.

Most people hold the President in great **respect**.
사람들은 대통령에게 깊은 존경심 을 가지고 있다.

They **respect** their parents.　그들은 부모님을 존경한다.

respectable 꽤 좋은, 상당한, 훌륭한
respectful 공손한
respective 각각의

right

형 옳은(morally good), 적절한　명 권리　부 똑바로, 곧장

She is **right** for the job.　그녀는 그 일에 적임자다.
You have no **right** to oppose it.　너는 그것에 반대할 권리가 없다.

rough

형 거친, 사나운, 고된, 쓰라린

having an uneven surface ; not smooth

He had a **rough** time of it during his childhood.
그는 어린 시절에 고생하며 지냈다.

row

명 노젓기, 뱃놀이, 줄　동 젓다, 저어 나르다

to move a boat ; a neat line

You should learn to **row**.　너는 노로 배를 젓는 것을 배워야 한다.
The birds perched in a **row** on the telephone wire.
새들이 전화선에 한 줄로 앉아 있었다.

A/O
B/P
C/Q
D/R
E/S
F/T
G/U
H/V
I/W
J/X
K/Y
L/Z
M
N

rude

형 무례한, 버릇없는

not at all polite

He is a **rude** fellow.
그는 무례한 사람이다.

I don't like a **rude** joke.
나는 상스러운 농담은 싫다.

ruin

동 해치다, 못쓰게 만들다 명 파산, 붕괴, 멸망

to destroy and spoil completely ; destruction and decay

Smoking **ruins** your health.
흡연은 네 건강을 해친다.

The city was in a state of **ruin**.
그 도시는 황폐화 되었다.

rule

동 통치하다, 지배하다 명 규정, 법칙, 규칙

to have and use the highest form of power

The king **ruled** the country for 30 years.
그 왕이 그 나라를 30년간 다스렸다.

There is no **rule** without exception.
예외 없는 규칙은 없다.

S/s

safe

형 안전한, 무사한, 확실한

out of danger ; protected

Is it **safe** to swim here?
여기서 수영해도 괜찮을까?

You will be **safe** from attack inside the building.
너는 그 건물 안에서 안전할 것이다.

save

동 구조하다, 모으다, 저축하다

to make safe from danger

Help! **Save** me!
도와줘! 사람 살려!

Children should learn to **save**.
어린이들은 저축하는 것을 배워야 한다.

saw

명 톱 **동** 톱질하다

a hand or power-driven tool for cutting hard materials ; to cut with a saw

He **sawed** the logs up into little pieces.
그는 통나무를 톱질해 토막 냈다.

This wood **saws** easily.
이 나무는 톱질이 잘 된다.

season

명 계절, 시기, 적기 **동** 맛을 내다

a period of time each year ; to give special taste to by adding salt, pepper, a spice

We have four **seasons**: spring, summer, autumn and winter.
우리는 봄, 여름, 가을, 겨울의 사계절이 있다.

The dish was **seasoned** with salt.
요리는 소금으로 간이 되었다.

seek

동 …하려고 힘쓰다, 청하다, 찾다, 추구하다

to make a search ; try to find or get something

He **sought** out his friend in the crowd.
그는 군중 속에서 그의 친구를 찾으려고 했다.

I am **seeking** for employment.
나는 일자리를 찾고 있다.

shake

동 떨다, 남과 악수하다

to move quickly up and down and to and fro

She **shook** cold.
그녀는 추워서 덜덜 떨었다.

I can't **shake** off my cold.
감기를 떨쳐버릴 수가 없다.

share

동 공유하다, 함께 사용하다

to use, pay, have with others

We **share** the same room.
우리는 같은 방을 쓴다.

If you have an umbrella, let me **share** it with you.
우산이 있으면 같이 씁시다.

sharp

형 날카로운, 뾰족한, 예리한, 찌르는, 얼얼한

My teacher had to be **sharp** with me.
우리 선생님은 나를 호되게 나무랐다.

Come to here at nine o'clock **sharp**.
아홉시 정각에 이리로 와라.

a sharp wind 세찬 바람

sheet

명 (종이 등의) 한 장 동 온통 뒤덮다

a piece of paper

Give me a **sheet** of paper. 종이 한 장 줘.
The river was **sheeted** with ice at that time.
그 당시 강은 얼음으로 덮여 있었다.

shelter

명 피난처, 은신처, 숙소

a building or enclosure offering protection

You can seek a **shelter** at my house.
너는 우리 집으로 피난해도 된다.

Take **shelter** in a safe place.
안전한 곳으로 피난해라.

shoot

동 발사하다, 맞히다

to fire a weapon, to hit

The soldier was **shot** in the back.
그 군인은 등에 총을 맞았다.

He **shot** the horse dead. 그는 그 말을 쏘아 죽였다.
shoot - shot - shot

shut

동 가리다, 막다, 가두다

close ; to keep or hold by closing

He **shut** his ears to advise from others.
그는 다른 사람의 충고를 들으려 하지 않았다.

Shut the mouth.
조용히 좀 해라!

shut - shut - shut

sick

형 아픈, 비관한, 구역질나는

not well, ill, having a disease

I'm **sick** with a cold.
나는 감기가 걸려 아팠다.

She was **sick** at heart.
그녀는 비관했다.

at heart 심중에, 마음은

sigh

동 탄식하다, 안도의 한숨을 쉬다 **명** 한숨, 탄식

to let out a deep breath slowly and with a sound expressing tiredness, sadness, pleasure

He always **sighs** over his fate.
그는 자신의 운명을 항상 한탄한다.

We all made a **sigh** of relief.
우리 모두는 안도의 한숨을 쉬었다.

sign

명 표시, 손짓 **동** 서명하다

a standard mark

Written music uses lots of **signs**.
작곡에는 기호를 많이 쓴다.

The papers are ready to be **signed**.
서류는 바로 서명하도록 되어 있다.

silence

명 침묵, 무언, 묵살 **동** 조용히 하게 하다

the state of not speaking or making a noise

The bad news put her to **silence**.
나쁜 소식에 그녀는 침묵하고 말았다.

My father passed over it in **silence**. 아빠는 그것을 묵살했다.
Silence! 조용히 해!
silent **형** 무언의, 조용한

simple

형 간결한, 쉬운, 겸손한

not decorated ; plain

I usually use only **simple** English.
나는 보통 쉬운 영어만 사용한다.

He is as **simple** as a child.
그는 아이처럼 마냥 순진하다.

sin

명 죄, 죄악

disobedience to God ; the breaking of holy law

I heard he committed a **sin**.
나는 그가 죄를 지었다고 들었다.

You must ask God for forgiveness for your **sins**.
너는 하나님께 죄를 용서해달라고 청해야 한다.

sink

동 가라앉다, 떨어뜨리다

to go down below a surface, or to the bottom of water

She **sank** down in despair. 그녀는 절망에 빠졌다.
The sun **sank** below the horizon. 해는 수평선 아래로 떨어졌다.
sink - sank - sunk

skin

명 피부

She's got wet to the **skin**.
그녀는 흠뻑 젖어버렸다.

Near is my shirt, but nearer is my **skin**.
내 몸 먼저 생각하고 볼 일. 내 몸이 제일 소중하다.

Beauty is but **skin-deep**.
미모는 거죽 한 꺼풀. 사람은 외모만 보고는 알 수 없다.

skin-deep 거죽 한 꺼풀의, 피상적인

slave

명 노예, (남의 일에) 사로잡힌 사람

a person owned in law by another ; a person completely in the control of another person or thing

He is a **slave** to duty. 그는 의무감에 사로잡힌 사람이다.
a slave to fashion 유행의 노예
slavery 명 노예, 신세

slip

동 빠져 나가다, 미끄러지다 명 가벼운 실수

to slide out of place or fall by sliding

Be careful not to **slip** and fall!
발이 걸려 넘어지지 않도록 조심해!

I made a **slip** of the tongue.
내가 말실수를 했다.

She **slipped** on the ice.
그녀는 얼음 위에서 미끄러졌다.

A/O

B/P

C/Q

D/R

E/S

F/T

G/U

H/V

I/W

J/X

K/Y

L/Z

M

N

smart

형 **활발한, 우아한**

quick and forceful

You look very **smart**.
너는 매우 우아해 보인다.

She walked a **smart** pace.
그녀는 활발한 걸음걸이로 걸었다.

smell

동 **풍기다, 냄새나다**

to have or use the sense of the nose

I don't **smell** anything.
아무런 냄새도 나지 않는다.

The room **smells** of smoke.
방에서 연기 냄새가 난다.

smooth

형 **매끈매끈한** 동 **펴다, 용이하게 하다**

having an even surface ; not rough

The tires were worn **smooth**.
타이어 표면이 매끈하게 닳아버렸다.

The way is now **smooth**. 이제 길은 평탄해졌다.
Everything has **smoothed** down. 모든 것이 순조롭게 되었다.

sort

명 **종류, 타입, 정도**

a group of people, things, etc., all sharing certain qualities. type, kind

What **sort** of person is he?
그는 어떤 종류의 사람이니?

He is honest in a **sort**.
그는 어느 정도 정직하다.

soul   명 영혼, 사람, 진심, 정신, 마음

the part of a person that is not the body and is thought not to die

He put heart and **soul** into his job.
그는 그의 일에 몸과 마음을 바쳤다.

She has music in her **soul**.
그녀는 음악을 이해한다.

He has no **soul** for art.   그에게는 예술적 정열이 없다.

sound   명 소리   형 건전한, 깊은   부 잘(what can heard)
동 소리가 나다

I heard very strange **sounds** from the next room.
나는 옆집에서 이상한 소리를 들었다.

She is **sound** asleep.   그녀는 깊이 잠들어 있다.
A sound mind in a **sound** body.   건전한 정신은 건전한 신체에 깃들인다.
The music **sounds** sweet.   아름다운 음악이다.

sow   동 심다, 촘촘히 박다, 씨를 뿌리다

to plant or scatter seeds on piece of ground

One must reap what one has **sown**.
= As a man **sows**, so he shall reap. (속담) 뿌린 대로 거두리라, 자업자득.
sow - sowed - sown

space   명 우주, 공간

something measurable in length, width, or depth

The satellite is traveling through **space**.
그 인공위성은 우주 공간을 돌고 있다.

There is **space** for one more person.
한 사람 더 들어갈 여지가 있다.

A/O

B/P

C/Q

D/R

E/S

F/T

G/U

H/V

I/W

J/X

K/Y

L/Z

M

N

spare

동 용서하다, …의 목숨을 살려 주다, 할애하다
형 남는, 여분의

to treat with mercy

He **spared** enemy. 그는 적을 살려 주었다.
Spare my life. 목숨만은 살려주십시오.
Could you **spare** me for a few minutes?
잠깐 시간 좀 내 주실 수 있습니까?
Spare the rod and spoil the child. (속담) 매를 아끼면 자식을 망친다.
a spare tire 예비 타이어

spell

동 쓰다 명 마법

to name in order the letters of the word

How do you **spell** your name? 네 이름을 어떻게 쓰니?
The **spell** was broken. 마법이 풀렸다.
spelling 명 철자

splendid

형 호화로운, 멋진, 아주 좋은

grand in appearance ; glorious

It is really **splendid** house. 정말 호화로운 집이군.
They had a **splendid** time in the party.
그들은 그 파티에서 정말 좋은 시간을 보냈다.

spoil

동 망치다, 버리다, 못쓰게 하다

to make useless ; ruin

Too many cooks **spoil** the broth. 사공이 많으면 배가 산으로 올라간다.
He **spoiled** the soup by putting too much salt in it.
그는 소금을 너무 많이 넣어 수프를 버려 놓았다.

The picnic was **spoiled** by the rain. 비로 인해 소풍이 망쳤다.
Spare the rod and **spoil** the child. 매를 아끼면 자식을 망친다.

sport

명 **스포츠**, 놀려댐, 장난

a game or activity done for physical exercise and pleasure

What sport! 참 재미있다!
It will be great **sport** to track game in the wild.
들판에서 사냥감을 추적하는 것은 아주 재미있을 것이다.

spot

명 **얼룩, 자리, 장소**

round part or area different from the main surface, e.g. in color

I removed oil **spots** from a shirt.
셔츠에 묻은 기름얼룩을 뺐다.

I chose a white curtain with blue **spots**.
푸른 물방울무늬가 있는 흰 커튼을 골랐다.

spray

동 **살충제를 뿌리다, 퍼붓다** 명 **물보라**

to scatter or be scattered in small drops under pressure

They **sprayed** a wall with paint.
그들은 벽에 페인트를 뿜어서 칠하였다.

We parked the car by the sea and it got covered with **spray**.
차를 바닷가에 주차시켰더니 물보라를 뒤집어썼다.

spread

동 **펼치다, 벌어지다, 살포하다**

to open, reach, or stretch out ; make or become longer, broader, wider

The news soon **spread** through the whole of the town.
그 소식은 곧 마을 전체에 퍼졌다.

to spread the cost over three years 3년간 비용을 뿌리다
spread - spread - spread

spring

동 뛰다 도약하다, 발생하다   **명** 온천, 원천, 봄

to jump ; to happen or appear quickly from nothing

spring over the wall
담을 뛰어넘다

She **sprang** to her feet.
그녀는 갑자기 일어났다.

Onyang is famous for hot **spring**. 온양은 온천으로 유명하다.
spring - sprang - sprung

square

동 일치시키다   **명** 네모, 정직함   **형** 단호한

to fit to a particular explanation or standard ; a shape with four
straight equal sides forming four right angles

You don't **square** your actions with your words.
너는 말과 행동이 일치하지 않는다.

stand

동 (…위에) 세워져 있다, 나타내다, 일어서다

to be, put, or rest upright or on a base ; represent

Stand the ladder against the wall.
사다리를 벽에 기대어 세워 두어라.

What does 'i.m.' **stand** for?
'i.m'은 무엇을 나타내는가?

Please, **stand** up! 일어나주시기 바랍니다.

standard

명 기준, 수준, 표준

an acceptable degree of quality

The teacher set high **standards** for students.
선생님은 학생들에게 높은 수준을 요구했다.

He speaks **standard** English. 그는 표준 영어를 말한다.

stare

동 빤히 쳐다보다, 응시하다

to look fixedly (at) with wide-open eyes

Why do you **stare** at me?
왜 나를 빤히 쳐다보니?

Nobody likes to be **stared** at.
누구든지 자기를 훑어보는 것을 싫어한다.

state

명 상태, 신분, 위엄, 국가 동 말하다, 진술하다

a condition in which a person or thing is

She is still in a **state** of shock.
그녀는 여전히 충격에서 벗어나지 못하고 있다.

Please **state** your name and address.
이름과 주소를 말하시오.

steal

동 훔치다, 몰래 움직이다

to take what belongs to another without any right ; to move secretly and quietly

I had my wallet **stolen**.
나는 지갑을 도둑맞았다.

He **stole** out of the house without anyone seeing him.
아무 눈에도 띄지 않고 그는 몰래 집에서 빠져나왔다.

steal - stole - stolen

steam

명 증기 동 김이 나오다

water in the state of a gas, produced by boiling

This room is heated by **steam**.
이 방은 스팀으로 난방 되어 있다.

The peace movement was also gathering **steam**.
평화 운동도 열기를 더해가고 있었다.

steep

형 가파른 명 가파른 언덕

rising or falling quickly or at a large angle

The roof is **steep**.
그 지붕은 경사가 가파르다.

The boy climbed a **steep**.
소년은 가파른 언덕을 올랐다.

stick

동 붙다, 꼼짝 않다, 고수하다 명 막대기, 나뭇가지

to be fixed with a sticky substance

Stick a stamp on the letter.
편지에다 우표를 붙여라.

He uses a walking **stick** to support him when he goes out.
그는 외출할 때는 몸을 지탱하기 위해서 지팡이를 사용한다.

still

부 여전히 형 조용한 동 조용하게 하다

even later than expected ; quiet of silent

It is **still** raining.
아직도 비가 내리고 있다.

Still waters run deep.
조용한 물이 깊이 흐른다.

The room was very **still**.
그 방은 쥐 죽은 듯이 고요했다.

stir

동 휘젓다, 감동(흥분)시키다

to move around and mix with a spoon or stick ; to excite

He **stirred** sugar into his coffee.
그는 커피에 설탕을 넣어 저었다.

stirring music 감동적인 음악

stock

명 축적, 채권 동 갖추다

a supply of something for use

I have a lot invested in **stocks**.
나는 주식에 많은 돈을 투자했다.

That store **stocks** all kinds of goods.
그 상점은 모든 상품을 갖추고 있다.

store

명 저장, 비축, 준비, 가게

a supply for future use ; a room or building where goods are regularly kept and sold

They deal with household **stores**.
그들은 가정용품을 취급한다.

My father keeps **store**.
우리 아빠는 가게를 운영한다.

straw

명 지푸라기, 밀짚

one stem of wheat, rice, etc

A drowning man will catch at a **straw**.
물에 빠진 자는 지푸라기라도 잡는다.

stretch

동 뻗다 명 단숨, 연속

to make or become wider or longer

The town **stretches** along the bay.
그 도시는 항만을 따라 뻗어 있다.

a **stretch** of three weeks
3주 연속

strike

동 떠오르다, 인상을 주다, 때리다

to come suddenly to the mind of ; to have an effect on

A happy thought **struck** me.
기분 좋은 생각이 마음에 떠올랐다.

Strike while the iron is hot.
쇠뿔도 단김에 쳐라. (기회를 놓치지 마라)

strike - struck - struck

stroke

명 때리기, 일격

a blow, esp. with a weapon

Little **strokes** fell great oaks.
열 번 찍어 안 넘어가는 나무 없다.

struggle

동 버둥거리다, 허덕이다, 분투하다
명 버둥거리기, 노력, 고투, 싸움

to make violent movements when fighting against a person or thing

I'm **struggling** against the desire for sleep.
나는 지금 졸음과 싸우고 있어.

The child **struggles** not to cry. 그 꼬마는 울지 않으려고 애쓴다.

He had a hard **struggle** to get work done in time.
그는 일을 제 시간에 마치려고 몹시 노력하였다.

the struggle for life 생존 경쟁

subject

명 교과, 과목, 국민, 신하 형 지배되는, …하기 쉬운
동 지배하다, 복종시키다

a branch of knowledge studied, as part of an education

What **subject** does he teach? 그는 무슨 과목을 가르치니?
He is **subject** to colds. 그는 감기에 잘 걸린다.

succeed

동 성공하다, 계승하다

to gain a purpose or reach an aim

He **succeeded** in the examination. 그는 시험에 합격했다.
I **succeeded** to my father's estate.
나는 아버지의 재산을 상속했다.

suffer

동 고생하다, (손해를) 입다

to experience pain or difficulty

She **suffered** from her beauty.
그녀는 예쁘게 생긴 게 화근이 되었다.
The poor child **suffers** from asthma.
그 불쌍한 아이는 천식을 앓고 있다.

suggest

동 제시하다, 제안하다

to give signs ; to say or write an idea to be considered

His words **suggested** an answer to me.
그의 말은 내게 해답을 제시해 주었다.
I'll do as you **suggest**.
당신이 제안하는 대로 하겠다.

suit

명 (양복의) 한 벌, 슈트 **동** (옷, 이름 등이) 맞다, 어울리다. (일이) 만족할 만하다, 마음에 들다

to satisfy or please, be convenient for

Mother gave me a **suit** of clothing.
엄마가 양복 한 벌 해주셨어.
The name **suited** her. 그녀에게 꼭 어울리는 이름이었다.
What day will **suit** you? 무슨 요일이 네게 좋겠니?
Suit yourself. 마음대로(좋을 대로) 하시오.

superior

형 위의, 상급의　명 윗사람, 상관

of higher rank or class ; a person of higher rank, esp, in a job

This computer is **superior** to that.
이 컴퓨터가 저것보다 낫다.

I'll have to ask my **superior** about that.
그 일에 관해서는 상사에게 물어봐야겠다.

superiority 명 우위, 우월

supply

동 공급하다　명 재고, 공급

to give something that in needed

The teacher **supplied** books to the students today.
선생님이 오늘 학생들에게 책을 지급하였다.

Supply an alibi to me.
알리바이를 증명해 보아라.

support

동 (구조물 등을) 받치다, (가족 등을) 부양하다, 지지하다

to bear the weight of, to approve of and encourage

Will that old ladder **support** you?
저 낡은 사다리가 당신을 지탱할 수 있을까요?

Unbelievable, he **supports** a family.
그가 가족을 부양하다니 믿을 수 없군.

I really **support** your opinion.　나는 진짜 너의 의견을 지지해.
supporter 명 지지자, 후원자

surface

명 표면, 외양　형 표면상의, 육상의

the outer part

This road has an even **surface**.　이 도로는 표면이 평평하다.
Their unhappiness came to the **surface** at last.
이윽고 그들의 불화가 표면화되었다.

A/O
B/P
C/Q
D/R
E/S
F/T
G/U
H/V
I/W
J/X
K/Y
L/Z
M
N

swallow

동 삼키다, 취소하다, 믿다 명 제비

to move food or drink down the throat from the mouth

She **swallowed** the dry bread with difficulty.
그녀는 마른 빵을 간신히 삼켰다.

Did you really **swallow** that lie? 그 거짓말을 정말 믿었습니까?
One **swallow** does not make a summer.
제비 한 마리가 왔다고 여름이 되는 것은 아니다.

sweep

동 쓸다, 깨끗이 하다, 떠내려 보내다 명 일소

to clean of remove by brushing

He is **sweeping** the floor.
그는 마루를 쓸고 있다.

The flood **swept** away the bridge.
홍수로 다리가 떠내려갔다.

swell

동 부풀다, 붇다, 뿌듯하다 명 넘실거림

to increase in fullness and roundness

Her ankle **swelled** after the fall.
쓰러진 후에 그녀의 발목이 부어올랐다.

His heart **swelled** with joy.
그의 가슴은 기쁨으로 뿌듯했다.

swell - swelled - swelled

swift

형 재빠른, …하기 쉬운

rapid ; ready or quick in action

He is **swift** with his judgments.
그는 판단이 빠르다.

Did you hear about his **swift** visit to your office?
그가 잠깐 너의 사무실에 방문했다는 것을 들었니?

swing

동 흔들다, 건너뛰다 명 그네, 흔들기

to move backwards and forwards of around and around

She is **swinging** her legs under a chair.
그녀는 의자 밑에서 발을 흔들고 있다.

sword

명 검, 칼 동 대항하다, 맞서다

The pen is mightier than the **sword**.
펜은 칼보다 강하다.

He finally drew a **sword**.
그는 마침내 칼을 뽑았다.

T/t

talent

명 수완, 재능

special natural ability or skill

He has a **talent** for business.
그는 사업에 재능이 있다.

He is an artist of great **talent**.
그는 재능이 뛰어난 예술가이다.

task

명 작업, 임무, 일

a piece of hard work to be done ; duty

The student was taken to **task** for smoking.
그 학생은 흡연을 했다고 해서 야단을 맞았다.

I was given the **task** of cleaning toilets.
내게는 화장실 청소 일이 주어졌다.

He is being at his **task**. 그는 일을 하고 있다.

taste

명 맛, 기호, 취미 동 맛보다

the special feeling that is produced by a particular food or drink when you put it in you mouth

Sugar has a sweet **taste**.
설탕은 단맛이 난다.

Why don't you have a **taste** of this cake?
이 케이크를 맛보는 게 어때요?

tax

동 피로하게 하다, 혹사하다 명 세금

to make heavy demands ; tire

Reading **taxes** the eyes.
독서는 눈을 피로하게 한다.

You don't have to pay **tax** on it.
너는 그것에 대해 세금을 낼 필요가 없다.

taxation 명 과세, 징세, 세금

tear

동 조각내다, 찢다 명 울음, 눈물

to pull apart or into pieces by force

He **tore** the letter into pieces.
그는 편지를 조각조각 찢었다.

She burst into **tears**. 그녀는 울음을 터뜨렸다.
Are **tears** woman's weapon? 눈물이 여자의 무기인가요?

tender

형 어린, 예민한, 상냥한

soft ; gentle and loving

She is a girl of very **tender** years.
그녀는 감수성이 예민한 나이의 소녀다.

The nurse bathed him with **tender** care.
간호사는 그를 친절히 보살피며 목욕을 시켰다.

term

명 기간, 학기, 관계

a fixed period of time

I am in intimate **terms** with her.
나는 그녀와 친밀한 사이다.

We have two exams during this **term**.
이번 학기에는 두 번의 시험이 있다.

termination 명 종결

terrible

형 심한, 힘겨운

very severe

What a **terrible** crime!
이 얼마나 무서운 범죄인가!

It is a **terrible** task.
이건 힘겨운 일이다.

thirsty

형 목마른, 갈망하는

feeling or causing thirst

I feel **thirsty**.
나는 목이 마르다.

She was **thirsty** for knowledge.
그녀는 지식을 갈망했다.

thorough

형 철저한, 호된, 완벽한

complete and careful

He made a **thorough** study.
그는 철저히 연구했다.

She gave her only son a **thorough** scolding.
그녀는 외동아들을 호되게 꾸짖었다.

throat

명 목구멍, 헛기침, 목

My **throat** pains when I swallow.
침을 삼키면 목이 아프다.

He cleared his **throat**.
그는 헛기침을 했다.

I have a sore **throat**.
나는 목이 아프다.

throw

동 던지다, 내동댕이치다

to send through the air by a sudden movement or straightening of the arm

Throw back the ball!
공을 받아서 던져!

Why don't you **throw** in a bit of salt?
소금을 조금 치는 게 어때?

tight

형 꽉 끼이는, 빡빡한

fitting too closely ; leaving no free room or time

These shoes are too **tight** for me.
이 구두는 나에게 너무 꽉 맞아.

The drawer is so **tight** that I can't open it.
이 서랍이 너무 빡빡해서 열수가 없구나.

till

A/O

부 (시간) …까지(계속), (시간적) …할 때까지

Goodbye **till** tomorrow.
내일까지 안녕.

Wait **till** called for.
부를 때까지 기다리시오.

tiny

형 약간의, 매우 작은

very small

There is not even a **tiny** doubt.
일말의 의혹도 없다.

title

명 제목, 소유권

the name given to a book, painting, play, etc. ; the lawful right to ownership or possession

What is the **title** of the movie you saw yesterday?
네가 어제 본 영화의 제목이 무엇이니?

Do they have any **title** to this land?
그들은 이 땅에 대한 소유권이 있습니까?

toil

동 애써 일하다, 부지런히 일하다   명 수고

to work hard and untiringly

Does the new worker really **toil** and moil?
그 새로운 일꾼은 정말 부지런히 일합니까?

This book is a **toil** to read.
이 책은 읽기에 고역이다.

toil and moil 부지런히 일하다

tone

명 어조　동 어울리다, 맞추다

a particular quality of the voice

He spoke in a friendly **tone**.
그는 다정하게 말했다.

He **toned** his speech to a younger audience.
그는 젊은 청중에 맞는 내용의 강연을 했다.

tongue

명 혀, 말, 언어

Put out your **tongue**.　혀를 내미세요.
Keep your **tongue** still.　말을 삼가주세요.

touch

동 언급하다, 연락하다, 만지다　명 접촉

mentioned shortly

We **touched** on many topics.
우리는 여러 주제에 관하여 언급했다.

How can I get in **touch** with you?
당신께 어떻게 연락하면 되나요?
get in touch with ~　~와 연락하다

You can look, but you can't **touch**.
볼 수는 있지만 만질 수는 없습니다.

trace

동 거슬러 올라가다, 추적하다　명 행적, 흔적

to follow the course, line, history, development, etc.

Traces of prehistoric man were found here.
여기서 선사 시대 인류의 흔적이 발견되었다.

track

명 자국, 길, 발자취

a line or number of marks left by a person, animal, vehicle, etc. that has passed before

He is afraid to leave the beaten **track**.
그는 세상의 상도를 벗어나는 것을 두려워한다.

the beaten track(path) 밟아 다져진 길, 보통의 방법
follow the beaten track 상도를 따르다

trade

명 무역, 상업, 직업

a business of buying and selling goods

He engages in **trade**. 그는 무역을 하고 있다.
Two of a **trade** never agree. 같은 장사끼리는 서로 화합이 안 된다.
Jack of all trades
무슨 일이든지 다 하는 사람, 팔방미인

train

명 기차, 행렬 **동** 훈련하다, 가르치다

a long lane of moving people, vehicles, of animals

She changed **trains** at Daegu for Busan.
그녀는 대구에서 부산행 열차를 갈아탔다.

We have to take a **train** for Busan.
우리는 부산행 기차를 타야 한다.

treasure

명 보물 **동** 소중히 하다, 귀중히 간직하다

a very valuable object ; to keep or regard as precious

They hid the **treasure** in the box.
그들은 그 보물을 상자에 감추었다.

We have many cultural **treasure**.
우리는 문화재를 많이 가지고 있다.

I will **treasure** this trip up in my memory.
나는 이 여행을 내 기억 속에 귀중히 간직할 것이다.

treat

동 대하다, 처우하다, 고치다, 치료하다

to act or behave toward ; to try to cure by medical means

This book **treats** of animals.
이 책은 동물에 대해서 다루고 있다.

Why did you **treat** him so?
왜 그를 그렇게 대접했니?

treatment **명** 대우 treaty **명** 조약

tremble

동 떨다, 걱정하다

to shake uncontrollably ; to feel fear or anxiety

His lips **trembled** for his sin.
그는 죄를 지었기 때문에 떨고 있었다.

trial

명 시험, 재판, 시행

hearing and judging a person or case in a court

He is on **trial** for murder.
그는 살인죄로 재판을 받고 있다.

The machine proved excellent on **trial**.
그 기계는 시험해 보니 우수했다.

trim

동 깎아 다듬다, 손질하다 **형** 깔끔한, 단정한(neat)

to make neat, even, or tidy by cut in

I've got to **trim** my hair.
나는 이발할 때가 됐어.

Why don't you **trim** your nails?
손톱을 좀 깎을래?

The model has a **trim** body. 그 모델은 균형 잡힌 몸매를 가졌다.
Trim yourself up! 네 옷차림을 단정히 해라!

trip

명 여행, 관광, 소풍

a journey from one place to another

I'd like to do a trip around the world.
세계일주 여행을 하고 싶다.

Have a nice trip. 재미있게 여행하고 오세요.
Did you enjoy your trip? 여행은 재미있었니?

troop

명 떼 **동** 몰리다, 줄지어 가다

a bend of people or animals

Look at the troop of hunter!
저 한 떼의 사냥꾼들을 봐라!

The children trooped around the teacher.
어린이들은 선생님 주위에 모여들었다.

trust

동 신뢰하다, 믿다, 맡기다, 의지하다 **명** 신임, 믿음

to believe in the honesty and worth of

I don't place any trust in his promise.
나는 그의 약속을 조금도 믿지 않아.

It took the teacher a long time to gain the children's trust.
그 선생님이 아이들의 신임을 얻는 데는 오랜 시간이 걸렸다.

turn

동 변하다, 돌리다 **명** 차례, 일, 교대

Water turns into ice.
물이 얼음으로 변한다.

It is your turn. 너의 차례다.

U/u

unite

동 뭉치다, 겸비하다, 단결하다

to join together into one ; to act together for a purpose

The couple were **united** in a Christian ceremony.
두 사람은 교회에서 결혼식을 올렸다.

She **united** intellect with sensibility.
그녀는 지성과 감수성을 겸비하고 있었다.

United we stand, divided we fall.
뭉치면 살고 흩어지면 죽는다.

unity **명** 융합, 통일(성), 조화

unless

접 만일 …아니라면, …하지 않는 한

I shall go there **unless** it rains.
만일 비가 오지 않는다면 가겠다.

Unless compelled, I will not go.
강요받지 않는다면 나는 가지 않겠다.

V/v

A/O

B/P

C/Q

D/R

E/S

F/T

G/U

H/V

I/W

J/X

K/Y

L/Z

M

N

vain

형 **보람 없는, 헛된**

in vain uselessly ; without success

I waited in **vain** for my friends.
나는 친구들을 기다렸는데 허사였다.

vanity 명 허영심

value

명 **평가, 가치**

the degree of usefulness of something

I set a high **value** on his abilities.
나는 그의 능력을 높이 평가한다.

Time is of more **value** than money.
시간이 돈보다 더 귀중하다.

vast

형 **큰, 거대한** 명 **광대**

very large and wide

He is a man of **vast** soul.
그는 포용력을 지닌 사람이다.

She gave me a **vast** sum of money.
그녀는 나에게 거액의 돈을 주었다.

vegetable

명 채소, 식물

plant that is grown for food

We grow **vegetables** in our front yard.
우리는 앞마당에 채소를 기른다.

animal, vegetable, or mineral 동물, 식물, 광물

very

형 바로 그

He is the **very** man we wanted.
그는 우리가 원하던 바로 그 사람이다.

view

명 전망, 보이기, 목적, 견해

ability to see or be seen from a particular place

I want a house with a fine **view**.
나는 전망이 좋은 집을 원한다.

a fine view of the Rhine
라인강의 멋진 경치

vote

명 투표 **동** 투표하다

to express one's choice officially from among the possibilities offered

You're too young to **vote**.
너는 너무 어려서 투표할 수가 없다.

Let's take a **vote** on it.
그것에 관하여 투표합시다.

W/w

wage

명 급료, 대가 동 전쟁하다

He worked for a weekly **wage** of 350 dollar.
그는 주급으로 350달러로 일했다.

The police are **waging** a war on crime in the city.
경찰은 그 도시의 범죄에 맞서 싸우고 있다.

warn

동 경고하다, 타이르다, 주의를 주다

to tell of something bad that may happen

He **warned** me of danger.
그는 내게 위험하다고 경고했다.

We were **warned** against swimming in that river.
우리는 그 강에서는 수영하지 말라고 경고를 받았다.

waste

동 낭비하다, 소용없다 명 손실, 소모 형 미개간의

to use wrongly, not use, or used too much of

Don't **waste** money.
돈을 낭비하지 마라.

Don't **waste** your words upon him.
그에게 말해 봐야 소용없으니 그만둬라.

weak

형 약한, 서투른

He is **weak** in English.
그는 영어를 잘 못한다.

weaken 동 약하게 하다
weakness 명 쇠약

wealth

명 재산, 풍부

a large amount of money and possessions

He is a man of **wealth**.
그는 재산가이다.

Her **wealth** of experience increased day after day.
그녀의 경험은 날로 풍부해졌다.

weapon

명 병기, 무기

a tool for harming of killing in attack or defense

Nuclear **weapons** are very dangerous.
핵무기는 매우 위험하다.

wear

동 입다, 오래가다, 닳다, 점점 없어지다

to have on the body to reduce or be reduced by continued use

They are **wearing** white.
그들은 흰 옷을 입고 있다.

Your shoes **wear** well.
네 구두는 오래간다.

weed

명 잡초　동 뽑아내다, 제거하다

an unwanted wild plant

Weed the lawn.
잔디의 잡초를 뽑아라.

The coach **weeded** the trouble makers from the team.
코치는 말썽꾸러기 선수들을 팀에서 제외했다.

weep

동 울다, 눈물을 흘리다

to let fall tears from the eyes

I **wept** myself to sleep.
나는 울다가 잠이 들었다.

She **wept** out her eyes.
그녀는 눈이 붓도록 울었다.

weigh

동 체중이 나가다, 짐이 되다

to find the weight of

How much do you **weigh**?
체중이 얼마나 되나요?

The debt **weighs** heavy on my mind.
빚 때문에 난 중압감을 느낀다.

whip

동 채찍질하다, 재빨리 움직이다

to beat with a whip

whip a horse on 채찍질하여 말을 몰다
He **whipped** out his gun.
그는 재빨리 총을 꺼냈다.

whistle

동 휘파람 불다 명 휘파람, 시시한 짓

He **whistled** to his dog.
그는 개를 향해 휘파람을 불었다.

wicked

형 나쁜, 사악한, 심술궂은

very bad, evil

It is a **wicked** thought.
그건 발칙한 생각이야.

It's **wicked** of you to do such things.
그런 짓을 하다니 못된 놈이군.

wipe

동 닦다, 씻다, 지우다

to pass a cloth or other material against ot remove dirt, liquid, etc

She **wiped** her eyes with a handkerchief.
그녀는 손수건으로 눈물을 닦았다.

Wipe the crumbs from the table.
탁자의 빵 부스러기를 닦아내라.

wire

동 전보를 치다 명 전보, 전신

to send a telegram to ; a telegram

I **wired** for him. 나는 그에게 전보를 보냈다.
I'll send a **wire**. 전보를 보낼게.
wireless 명 무선 전신

wise

형 분별 있는, 슬기로운, 현명한

having or showing good sense, judgment, the ability to understand what happens and decide on the right action

She is **wise**.
그녀는 슬기롭다.

It is easy to be **wise** after the event.
일이 끝난 뒤에 깨닫기는 쉽지.

wonder

동 궁금하게 여기다, 알고 싶어 하다 명 놀라움, 이상함

to be surprised and want to know why

I **wonder** who that woman is.
저 여자는 누구일까?

It is no **wonder** that he should succeed.
그의 성공은 조금도 놀라운 일이 아니다.

worth

형 …의 값어치가 있는, (어떤 금액의) 가치가 있는, (…할) 가치가 있는

of the value of

It's **worth** nothing!
전혀 가치가 없어!

This book is **worth** twenty dollars.
이 책은 20달러의 가치가 있어.

How much is this ring **worth**?
이 반지는 값이 얼마쯤 나갈까?

Learning English is somewhat difficult, but it's **worth** it.
영어공부는 다소 어렵지만 해볼 만한 가치가 있어.

worthless 형 쓸모없는
worthy 형 …할 만한

wound

명 부상 동 상처 입히다

a damaged place in the body ; a cause a wound to

I was **wounded** in the arm. 나는 팔에 부상을 입었다.
He has a severe **wound**. 그는 중상을 입었다.

wrap

동 …을 싸다, 포장하다

to cover

Shall I **wrap** this for present? 선물용으로 포장해 드릴까요?
The baby is **wrapped** up in a blanket. 아기가 담요에 덮여 있다.

wrong

형 잘못된, 맞지 않는, 고장이 난, 넘은

not correct

You are **wrong** to lay the blame on him.
그에게 책임을 전가한 것은 너의 잘못이다.

There is something **wrong** with the T.V.
텔레비전은 어딘가 고장이 났다.

Y/y

yield

동 수확하다, 굴복하다, 지다 명 수확

to give ; produce

This soil **yields** good harvests. 이 토양은 수확량이 많다.
The apple trees did not **yield** well this year.
올 사과는 수확이 적었다.

yonder

형 저쪽의 부 저편에

Look **yonder**. 저쪽을 봐.
He lives in the **yonder** house.
그는 저쪽에 있는 집에 산다.

Z/z

zeal

명 열의, 열심

eagerness ; keenness

They showed **zeal** for the work.
그들은 그 일에 열의를 보였다.

zone

명 지대, 구역 동 지대를 나누다

a division or area marked off from others by particular qualities

We need to **zone** our city into several districts.
우리 도시를 몇 개의 지역으로 나누어야 한다.

토실토실 영단어 영숙어

반드시
알아야 할
단   어

abnormal

wreck

A/a

abnormal

형 비정상의, 변칙의

His pulse is **abnormal**.
그의 맥박은 비정상적이다.

aboard

부 배에 타고, 배안에, 승선하고

on or into a ship, train, aircraft, bus, etc.

All **aboard**.
모두 승선하시기 바랍니다. 출발!

They went **aboard** the ship.
그들은 그 배에 몸을 실었다.

Welcome **aboard**!
저희 배(열차)를 타 주셔서 감사합니다. (선장, 기장이 승객에게 하는 환영 인사)

go aboard = get aboard 승선하다

absolute

형 철저한, 완전한, 유례없는

complete ; perfect ; not depending on or measured by comparison with other things

That's **absolute** nonsense.
그것은 전혀 터무니없는 이야기이다.

a woman of absolute honesty 의심할 여지없는 정직한 여인

abuse

동 악용하다, 남용하다, 욕하다 **명** 남용, 학대, 욕설

to put to wrong use ; use badly

Don't **abuse** his kindness.
그의 친절을 악용하지 마라.

He **abused** her for being a baby.
그는 그녀를 아기 같다고 욕했다.

drug abuse 약물 남용
physical abuse 육체적 학대
child abuse 아동 학대
sexual abuse 성적 학대

accomplish

동 성취하다, 완성하다

to succeed in doing ; finish successfully

He **accomplished** the purpose.
그는 목적을 달성했다.

Did you **accomplish** anything?
성과가 좀 있었니?

accustom

동 길들게 하다, 습관들이다

to make used to

Accustom yourself to early rising.
일찍 일어나는 것에 길들여라.

You will get **accustomed** to the work.
너는 그 일에 익숙해질 것이다.

accustomed 익숙한, 습관이 된

ache

동 **아프다, 쑤시다** 명 **통증**

to have or suffer a continuous dull pain ; a continuous dull pain

My heart **aches**. 내 가슴이 아프다.
headache 두통

appoint

동 **임명하다, 지명하다, 정하다**

to choose for a position, job, etc. ; to arrange

He was **appointed** postmaster. 그는 우체국장에 임명되었다.
The day was **appointed** for the general election.
그날이 총선거일로 결정되었다.

appointment 동 약속
I have a three o'clock **appointment** with him.
나는 3시에 그와 약속이 있다.

achieve

동 **성취하다, 획득하다**

to finish successfully ; to gain as the result of action

He has **achieved** his purpose.
그는 자기의 목적을 달성했다.

As a result of advertising, we've **achieved** a big increase in
sales this year. 광고 덕분에 금년에 판매량에서 커다란 성과를 이룩했다.

acquaint

동 **알리다, 정통케 하다**

to make oneself or someone familiar with

I **acquainted** him the facts.
나는 그에게 그 사실들을 알렸다.
He is well **acquainted** with history.
그는 역사에 아주 정통해 있다.

actual

형 **현실의, 실제의**

existing as a real fact

What is the **actual** state? 현재의 상태는 어떠냐?
actually 부 실제로
I **actually** saw him smiling.
나는 그가 미소 짓고 있는 것을 실제로 보았다.

admire

동 **칭찬하다, 감탄하다**

to regard or look at with pleasure and respect

I **admire** your being punctual.
네가 시간을 잘 지키는 데는 감탄한다.

I **admire** your independence.
너의 독립심에 감탄한다.

admit

동 **허락하다, 인정하다, 자백하다**

to allow ; confess

This key **admits** you.
이 열쇠로 (열고) 들어갈 수 있다.

This rule **admits** no exceptions.
이 규칙은 예외를 허용하지 않는다.

advantage

명 **장점, 우위, 우세**

something that may help one to be successful or to gain a desired result

Each has **advantages** and disadvantages.
각각 장점과 단점이 있다.

affair

명 일, 사건, 사무

a happening ; event

We discussed world **affairs**.
우리는 세계 문제를 토의했다.

The President deals with important **affairs** of state.
대통령은 국가의 중대사를 처리한다.

afford

동 …할 여유가 있다, 주다, 공급하다

to be able to do, spend, buy, bear, etc., esp. without serious loss or damage

Few can **afford** to keep a car.
자동차를 유지할 여유가 있는 사람은 거의 없다.

The sun **affords** light and heat.
태양은 빛과 열을 공급한다.

aid

동 돕다, 거들다 **명** 원조, 조력

to give support to ; help

We can **aid** the poor with money.
우리는 가난한 사람들을 돈으로 도울 수 있다.

He **aids** his father in his work.
그는 그의 아빠의 일을 거든다.

aim

동 겨누다, 목표를 삼다 **명** 목적

to point or direct towards some object, esp. with the intention of hitting it

He **aimed** at success.
그는 성공을 노렸다.

What is your **aim** in life?
네 인생의 목표는 무엇이냐?

amaze

동 ···을 놀라게 하다

to fill with great surprise

That **amazes** me.
그것 놀랍군.

I was **amazed** to find the patient recovered so soon.
환자가 그렇게 빨리 낫는 것을 보고 깜짝 놀랐다.

amazement 놀람, 대경실색

ambassador

명 대사, 사절

a person of high rank representing the country in the capital city of another country either for a special occasion or for a longer period in an embassy

He was appointed **ambassador** to the United States.
그는 주미 대사로 임명되었다.

amiable

형 상냥한, 우호적인, 붙임성 있는

of a pleasant nature ; friendly

She looks **amiable**.
그녀는 상냥해 보인다.

amiability 상냥함

amount

명 양, 액수 동 합계가 ···에 이르다, ···와 다름없다

a quantity or sum ; to be equal to

Large **amounts** of money were spent on the bridge.
거액의 돈이 다리를 놓는 데 쓰였다.

His answer **amounts** to a refusal.
그의 대답은 거절이나 다름없다.

ample

형 넉넉한, 풍부한

enough ; large

We have **ample** money for the journey.
우리는 여행 경비는 충분하다.

amplify 동 …을 확대하다, 부연하다.

anchor

명 닻, 의지하는 것 동 닻을 내려 멈추다, 정박시키다

a heavy piece of metal, usu. hooked, at the end of a chain or rope, for lowering into the water to keep a ship from moving

The ship **anchored** in the harbor.
배는 항구에 닻을 내렸다.

Hope is his **anchor**.
희망이야말로 그가 의지하는 것이다.

announce

동 발표하다, 공시하다, …의 도착을 알리다

to state in a loud voice ; to make known publicly

She **announced** herself to him as his mother.
그 여자는 그에게 어머니라고 스스로 밝혔다.

They **announced** her as the best movie actress of the year.
그들은 그녀를 올해의 최우수 영화 여배우로 발표했다.

He **announced** himself to me as a distant cousin.
그는 내게 먼 사촌이라고 밝혔다.

announcement 명 공고, 발표

anxious

형 걱정하는, …을 갈망하는, …하고 싶어 하는

feeling or causing anxiety ; having a strong wish to do something

I was **anxious** lest he should lose the money.
나는 그가 돈을 잃어버리지나 않을까 걱정이었다.

He is **anxious** for our happiness.
그는 우리의 행복을 기원해 주고 있다.

appeal

동 호소하다, 간청하다, 마음에 들다　명 간청, 호소

At last they **appealed** to arms.
마침내 그들은 무력에 호소했다.
arms 무기

This picture doesn't **appeal** to me.
이 그림은 내 마음에 들지 않는다.

appear

동 나타나다, …인 듯하다, …와 같이 보이다

to become able to be seen ; come into sight

He **appeared** from behind the door.
그는 문 뒤에서 나타났다.

She **appears** to be ill.
그녀는 아픈 것처럼 보인다.

apply

동 신청하다, 지원하다, 전념하다, 적용되다

to request something, esp. in writing

He **applied** to three universities.
그는 세 개 대학에 지원했다.

This **applies** to you.
이것은 당신에게 적용된다.

approach

동 다가가다, 접근하다, 착수하다

to come near or nearer ; to begin to consider

We **approached** him from behind.
우리는 뒤에서 그에게 다가갔다.

He **approached** the difficulty with great thought.
그는 심사숙고하여 난제에 착수했다.

A/O
B/P
C/Q
D/R
E/S
F/T
G/U
H/V
I/W
J/X
K/Y
L/Z
M
N

approve

동 찬성하다, 승인하다

to agree officially to

I can hardly **approve** of his plan.
나는 그의 계획에 찬성하기가 어렵다.

The result **approved** her righteousness.
결과는 그녀가 옳다는 것이 입증되었다.

arise

동 생기다, 일어나다, 일어서다

to come into being or to notice ; happen

Difficulties will **arise** as we do the work.
우리가 일하는 동안 어려움이 생길 것이다.

A strong wind **arose**. 강풍이 일었다.

arise - arose - arisen

arrange

동 …을 배열하다, 정돈하다, 준비하다

to set in a good or pleasing order

He **arranged** his books in order.
그는 자기의 책을 차례대로 정돈했다.

Everything is all **arranged**.
만반의 준비가 다 되었다.

It is **arranged** that we shall meet here.
우리는 여기서 만나기로 되어 있다.

arrest

동 체포하다, 정지하다, 주의를 끌다 **명** 구속, 억제

to seize in the name of the law and usu. put in prison ; the act or arresting

The police **arrested** the thief. 경찰은 도둑을 체포했다.
A beautiful bird **arrested** my attention.
예쁜 새 한 마리가 나의 눈길을 끌었다.

arrestive **형** 저지하는, 주의를 끌기 쉬운

article

명 논설, 조항, 한 개, 한 가지

a complete piece of writing in a newspaper, magazine, etc.

an article on new industries 새로운 산업에 관한 기사
an article of dress 양복 한 점
I sometimes contribute an **article** to a journal.
나는 잡지에 가끔 기고를 한다.

ascend

동 오르막이 되다, 올라가다, 상승하다

to climb ; go, come, or move from a lower to a higher level

The path **ascends** here.
길은 여기서 오르막이 된다.

We saw a smoke **ascending**.
우리는 연기가 올라가는 것을 보았다.

ashamed

형 부끄러워하여, 창피하게 여기는

feeling shame, guilt, sorrow, or unwillingness

I am **ashamed** of what I did.
나는 내가 한 짓을 부끄러워한다.

He was **ashamed** to tell the truth.
그는 진실을 말하고 싶지 않았다.

ashore

부 해변에, 기슭으로, 얕은 데에

on, onto, or to the shore or land

At last they came **ashore**.
마침내 그들은 상륙했다.

The ship went(got) **ashore** on a rock.
그 배는 암초에 걸렸다.

aspect

명 방향, 측면, 국면, 양상

the direction in which a window, room, front of a building, etc.

The house was a southern **aspect**.
그 집은 남향이다.

You have only considered one **aspect** of the problem, but there are many.
너는 그 문제의 한 가지 측면만 고려하고 있지만, 실은 많다.

assemble

동 모이다, 집합하다, 정리하다

to gather or collect together

They **assembled** in the hall.
그들은 회의장에 모였다.

to assemble cars 차를 조립하다
assembly 집회, 회의, 모임

assert

동 단언하다, 주장하다, 자기를 내세우다

to state or declare forcefully

He **asserted** that it was true.
그는 그것이 사실이라고 주장했다.

I **asserted** his guilt. 나는 그가 유죄라고 주장했다.
I **assert** that he is guilty.
나는 그가 죄를 범한 것이라고 단언한다.

assist

동 돕다, 참가하다

to help or support

He **assisted** her from a car.
그는 그녀를 도와 차에서 내려 주었다.

assistance 원조, 도움, 지원
assistant **명** 조수, 협력자 **형** 조수가 되는, 보조의

assure

동 보증하다, 보장하다, 장담하다, 확실히 하다

to try to cause to believe or trust in something

He **assured** me of his help.
그는 반드시 돕겠다고 나에게 말했다.

Teddy'll come, I can **assure** you.
테디는 틀림없이 온다.

astonish

동 놀라게 하다, 깜짝 놀라다

to produce great surprise or wonder in someone

He was **astonished** at the news.
그는 그 소식에 깜짝 놀랐다.

astonishment 놀람, 경악, 놀랄 만한 일

athletic

형 체육의, 운동경기의, 강건한, 근육질의

of or concerning athletes or athletics

Our **athletic** meet was held yesterday.
우리 운동회는 어제 개최되었다.

athlete 운동선수, 경기자

atmosphere

명 대기, 분위기, 공기

the mixture of gases that surrounds any heavenly body, esp. the earth

the polluted atmosphere of the city
도시의 오염된 공기

He tried to create an **atmosphere** of peace.
그는 화목한 분위기를 만들려고 애썼다.

attach

동 붙이다, 애착을 느끼게 하다, 중요성을 두다

to fix ; fasten ; to be fond of

He **attached** labels to his bags.
그는 자기의 가방에 스티커를 붙였다.

She is deeply **attached** to him.
그녀는 그를 깊이 사랑하고 있다.

attain

동 달성하다, …에 이르다, 얻다

to succeed in arriving at, esp. after effort ; reach

He **attained** his ambition.
그는 자기의 야망을 달성했다.

I **attained** to the first rank.
나는 1등을 달성했다.

attainment 달성, 획득, 조예

attempt

동 시도하다, 공격하다 명 시도, 노력, 공격

to make an effort at ; try ; an effort made to do something

She could not reach him though she **attempted** to.
그녀는 그와 연락을 취하려고 했으나 불가능했다.

They made an **attempt** to save her.
그들은 그녀를 구출하려고 시도했다.

attitude

명 태도, 몸가짐, 마음가짐

a way of feeling, thinking, or behaving

They took the **attitude** that they could not handle the problem.
그들은 그 문제를 다룰 수 없다는 태도를 취했다.

an attitude of arrogance
거만한 태도

authority

명 권위, 권위자, 근거

the ability , power, or right, to control and command

He is an **authority** on history.
그는 사학계의 권위자이다.

On what **authority** do you say so?
어떤 근거로 그렇게 말하는가?

automatic

형 자동의, 기계적인

able to work or move by itself without needing the operation of a person

an automatic door 자동문

The movements need to ride a bicycle soon become **automatic**.
자전거를 타는 데 필요한 동작은 곧 반사적이 된다.

automate 자동화하다
automation 자동화
manual 수동의

average

명 평균, 보통 **동** 평균하다, 균등 분배하다

a level or standard regarded as usual or ordinary

We **average** about four hundred words a day.
우리는 하루 평균 400개의 어휘를 사용한다.

He is above **average** in his lessons.
그는 학과 공부가 평균치 이상이다.

avoid

동 회피하다

to miss or keep away from, esp. on purpose

He **avoided** a direct answer.
그는 직접적인 대답을 피했다.

I could not **avoid** laughing.
나는 웃지 않을 수 없었다.

A/O
B/P
C/Q
D/R
E/S
F/T
G/U
H/V
I/W
J/X
K/Y
L/Z
M
N

aware

형 **알고 있는, 알아차린**

having knowledge or understanding

She was not **aware** how much her husband earned.
그녀는 자기의 남편의 수입이 얼마인지 알지 못했다.

He became **aware** of his mistake.
그는 자기의 실수를 알아차렸다.

B/b

bar

명 **막대모양의 것, 빗장** 동 **막다, …을 잠그다**

a piece of wood, metal, etc. that longer than it is wide ; to close firmly with a bar

an iron bar
철봉

All exits are **barred**.
모든 출구는 잠겨 있다.

bare

형 **벌거벗은, 없는, 가까스로**

uncovered ; empty

The garden looks **bare** in winter.
정원은 겨울에 아무것도 없는 것처럼 보인다.

The room is **bare** of furniture.
그 방은 텅 비어 있다.

base

동 근거를 두다 형 비열한 명 근거, 토대

to do something using something else as the starting point or reason for it

The legend is **based** on fact.
그 전설은 사실에 근거를 두고 있다.

a **base** fellow
비열한 사람

bead

명 유리알, 구슬, 구슬목걸이

Mary wore a string of **beads** around her neck.
메리는 구슬 목걸이를 하고 있었다.

beads of sweat
땀방울

beam

동 빛을 발하다, 빛나다

to send out light and heat

The sun **beamed** brightly.
태양이 밝게 빛났다.

Her face **beams** with joy.
그녀의 얼굴이 기쁨으로 빛났다.

behold

동 …을 바라보다, …을 주시하다

to have in sight

My heart leaps up when I **behold** a rainbow.
무지개를 바라볼 때면 내 가슴은 뛰는구나.

Beauty is in the eye of the **beholder**.
아름다움은 보는 사람에 따라 다르다.

beholder 바라보는 사람

bend

동 **구부러지다, …에 열중하다**

to be forced into or out of a curve or angle ; to direct one's efforts

The road **bends** to the left here.
도로는 여기서 왼쪽으로 구부러진다.

He is **bent** on his studies.
그는 자신의 연구에 열중해 있다.

bend - bent - bent

beware

동 **…에 조심하다, 주의하다**

to be careful

Beware of pickpockets!
소매치기 주의!

bid

동 **(만날 때, 헤어질 때) 남에게 인사를 말하다, 명령하다**
명 **노력, 부른 값, 입찰**

to say a greeting or goodbye to someone ; to order or tell

Bid him go.
그에게 가라고 일러라.

They all **bade** me welcome.
그들은 모두 내게 환영의 말을 해주었다.

bid - bade - bidden

bind

동 **묶다, 의무를 지우다**

to tie ; to cause to obey, esp. by a law or a solemn promise

His hands were **bound** behind him. 그는 뒷짐 결박을 당했다.
He was **bound** to the judge.
그는 판사의 명령에 따르겠다고 맹세해야 했다.

bind - bound - bound

biography

명 전기, 일대기

the branch of literature that deals with a written account of a person's life

A new **biography** of Shakespeare has just published in England.
새로운 셰익스피어의 전기가 영국에서 막 출판되었다.

biographical 전기의
autobiography 자서전

blame

동 비난하다, …의 탓으로 돌리다

to consider someone responsible for something bad

I was **blamed** for the murder.
살인 누명을 썼다.

Don't **blame** it on me.
그것을 내 탓이라고 하지 마라.

boast

동 자랑하다, 뽐내다

to say or talk too proudly

He **boasts** of swimming the English Channel.
그는 영국 해협을 헤엄쳐 건널 수 있다고 호언하고 있다.

He often **boasts** to his neighbors about his adventures.
그는 이웃 사람들에게 자기의 모험에 대하여 자주 자랑한다.

boom

동 급속히 발전하다, 경기가 호전되다, 갑자기 유명해지다

to grow rapidly, esp. in value

Business is **booming**.
경기가 호전되고 있다.

He is **booming** as a writer.
그는 작가로서 갑자기 유명해지고 있다.

border

동 …로 둘러싸이다, …에 접해있다 명 가장자리, 국경

to be a border to ; the dividing line between two countries

a house near the border of a lake
호숫가의 집

France **borders** on Belgium.
프랑스는 벨기에와 접해 있다.

borrow

동 빌리다, 차용하다

to take or receive something for a certain time, intending to return it

May I **borrow** your dictionary?
네 사전 좀 빌려 줄래?

I seldom **borrow** from the bank.
나는 은행에서 돈을 빌리는 경우가 거의 없다.

bound

동 …와 경계를 이루다, 제한하다, 약동하다 명 한계, 경계
형 …에 가려고 하는

to mark the edges of

The lake was ice-**bound**.
호수는 온통 얼음으로 덮여 있었다.

He is **bound** to his company.
그는 회사에 매어 있는 몸이다.

You are **bound** to lose.
너는 반드시 진다.

The waves **bounded**.
파도가 춤을 추었다.

There are no **bounds** to our desires.
욕망에는 한도가 없다.

boundary 경계, 한계, 범위

bow

동 고개를 숙이다, 절하다 명 절

to bend forward the upper part of the body, or the head, to show respect, yielding, etc.

He **bowed** to his boss.
그는 상사에게 머리 숙여 인사했다.

He stood with **bowed** head at the funeral.
그는 장례식에서 머리를 숙인 채 서 있었다.

breast

명 가슴 동 가슴으로 받다

the upper front part of the body between the neck and the stomach

His **breast** swelled with pride.
그의 가슴은 자신감에 부풀었다.

a troubled breast
괴로운 마음

brief

형 단기간의, 간결한

short, esp. in time

a brief stay
단기간의 체제

In **brief**, such is life.
간단히 말해, 그런 것이 인생이다.

burst

동 터뜨리다, 파열하다

She **burst** into tears.
그녀는 갑자기 울음을 터뜨렸다.

The bottle **burst**. 병이 산산조각 났다.
burst - burst - burst

bury

동 매장하다, 묻다, 숨겨두다

to put into the grave ; to hide away esp. in the ground

She **buried** her face in her hands.
그녀는 두 손으로 얼굴을 가렸다.

He is dead and **buried**.
그는 지하에 잠들어 있다.

burial 매장

bush

명 관목, 덤불, 수풀

a mall low tree

A bird in the hand is worth two in the **bush**.
잡은 새 한 마리는 숲속의 새 두 마리의 가치가 있다.

buzz

동 윙윙거리다, 바쁘게 돌아다니다 명 웅성거림

to make a low noise, as bees do

The bees were **buzzing** among the flowers.
벌들은 꽃들 사이에서 윙윙 소리를 내고 있었다.

a buzz of conversation
웅성거리는 대화소리

C/c

canal

명 운하

a waterway dug in the ground, esp. to allow ships or boats to travel along it

build a canal
운하를 만들다

The goods are sent here by **canal**.
물품은 운하를 이용하여 이곳에 보내진다.

caress

명 어루만지기 **동** 어루만지다, 가볍게 만지다

a light tender touch or kiss showing ones love for someone

She **caressed** her baby.
그녀는 아기를 어루만졌다.

The gentle waves **caressed** the beach.
잔잔한 파도가 바닷가를 부드럽게 치고 있었다.

carriage

명 마차, 몸가짐

a wheeled vehicle, esp. a private horse-drawn vehicle

a carriage and four
말 네 필이 끄는 마차

She has a graceful **carriage**.
그녀는 우아한 몸가짐을 간직하고 있다.

castle

명 성, 성곽

A ruined **castle** stands on a hill.
허물어진 성이 언덕 위에 서 있다.

cause

동 원인이 되다, 야기하다 명 원인, 이상, 대의명분

to lead to; be the cause of

You have no **cause** to have a grudge against him.
너는 그에게 앙심을 품을 까닭이 없다.

What is the **cause** of the flu spreading so widely?
독감이 이렇게 널리 퍼진 이유는 무엇인가?

celebrate

동 축하하다, 경축하다, 기리다

to mark an event or special occasion with public or private rejoicings

They **celebrated** the victory.
그들은 승리를 축하했다.

celebration 축하

character

명 성격, 문자

the qualities which make a person, thing, etc., different from another ; a letter, mark or sign used in writing and printing

They have no **character** in common.
그들은 공통성이 없다.

Chinese character 한자
characteristic 형 특유의, 독특한, 명 특질
characterize 동 특성을 나타내다

charm

명 매력, 애교, 부적　동 황홀하게 하다, 기쁘게 하다

the power or ability to please, win over, or delight ; to please

She has a lot of charm.
그녀는 대단히 매력적이다.

I was charmed with the music.
나는 음악에 넋을 잃었다.

charming 황홀하게 하는, 매력적인

chat

명 잡담　동 잡담하다, 마음 놓고 이야기하다

friendly informal conversation

Let's chat over tea.
차를 마시면서 이야기나 하자.

I have just dropped in for a chat.
잡담이나 하려고 잠시 들렀다.

None of your chat. 참견하지 마.

check

동 확인하다, 임시로 보관하다

to test, examine, or mark to see if something is correct

Will you check the spelling of this word?
이 단어의 철자를 확인해 줄래?

Please check your books at the counter.
갖고 있는 책을 카운터에 보관해주십시오.

chemistry

명 화학

the science which studies the substances which make up the earth, universe, and living things

My brother is a chemistry student.
내 동생은 화학을 전공하는 학생이다.

applied chemistry 응용 화학

chemist 화학자, 약제사

A/O
B/P
C
D/R
E/S
F/T
G/U
H/V
I/W
J/X
K/Y
L/Z
M
N

chest

명 가슴, 상자

the upper front part of the body enclosing the heart and lungs

I have a pain in the **chest**.
나는 가슴에 통증이 있다.

a chest of jewels
보석상자

chew

동 …을 씹다, 신중히 생각하다

to crush with or as if with the teeth

Chew your food well.
음식을 잘 씹어 먹어라.

Let me **chew** over the problem.
그 문제를 생각해 보마.

chief

형 중요한   명 우두머리

highest in rank ; most important ; a leader

What is your **chief** aim of living?
가장 중요한 삶의 목적이 무엇이냐?

Who is the **chief** of this office?
이 사무실의 책임자는 누구냐?

chuckle

동 킬킬 웃다, 조용하게 웃다

to laugh quietly

He **chuckled** with delight.
그는 재미있는 듯이 킬킬 웃었다.

circle

명 원형, 사회, …계 동 빙빙 돌다, 선회하다

something having the general shape of this line ; ring; group

They sat in a **circle**.
그들은 둥글게 둘러앉았다.
The airplane **circles** above us.
비행기는 우리 위에서 빙빙 돈다.

citizen

명 시민, 주인, 국민

a person who lives in a particular city or town

He was born a **citizen** of Seoul.
그는 서울 시민으로 태어났다.
an American citizen
미국 국민

claim

동 요구하다, 필요로 하다, 주장하다

to ask for, demand, or take as the rightful owner, or as one's right

He **claimed** acquaintance with her.
그는 그녀를 안다고 분명히 말했다.
He **claimed** to have been working late.
그는 밤늦게까지 일했었다고 주장했다.

classic

동 일류의, 모범적인, 전형적인, 고전의

belonging to an established set of standards

Lincoln is **classic** example of a self-made man.
링컨은 자수성가한 사람의 전형적인 본보기이다.

cloak

동 ···으로 가리다, 은폐하다

to hide, keep secret, or cover

She went to the party **cloaked** in white silk.
그녀는 하얀 실크 외투를 입고 파티에 갔다.

cloak one's sorrow with laughter
웃음으로 슬픔을 감추다

cloaked in secrecy
비밀에 싸인

collect

동 모으다, 수집하다, 마음을 가다듬다 **형** 수취인 지불의

to bring or gather together

His hobby is **collecting** stamps.
그의 취미는 우표수집이다.

I tried hard to **collect** myself.
나는 마음을 가다듬기 위해 애썼다.

a collect call
요금 수신인 지불 통화

colony

명 식민지, 식민국

a country or area under the control of a distant country and often settle by people from that country

Canada was a British **colony**.
캐나다는 영국의 식민지였다.

column

명 (신문 잡지의) 세로의 난, 단, (불, 연기 등의) 기둥

anything looking like a pillar in shape or use

The news occupied two **columns**.
그 뉴스는 지면의 2단을 차지했다.

combine

동 결합하다, …와 화합하다

to come together, unite, or join together

She **combines** marriage and a career very ably.
그녀는 결혼과 직업을 훌륭하게 잘 해나가고 있다.

Oil and water do not readily **combine**.
기름과 물은 쉽게 결합하지 않는다.

The pleasant weather and the friendliness of the group
combined to make the picnic a success.
날씨도 좋고 그룹도 화합하여 피크닉은 성공적이었다.

companion

명 친구, 벗, 동행자

a person who spends time with another, because he/she is a friend
of by chance, as when travelling

He is a good **companion** to me.
그는 내게 좋은 동반자이다.

company

명 사교, 교제, 집단, 상사

fellowship ; a group of people combined together for business, trade,
artistic purposes

Don't keep **company** with such a man. 그런 사람과 사귀지 마라.
You can judge a person by the **company** he keeps.
사귀는 친구를 보면 사람됨을 안다.

a bus company 버스 회사

complain

동 불평을 말하다, 호소하다

to express feelings of annoyance, pain, unhappiness, etc.

He **complained** about the traffic noise.
그는 교통소음에 대해서 투덜거렸다.

She **complained** of not having enough to do.
그녀는 할 일이 별로 없다고 푸념했다.

complaint 명 불평, 불만

conceal

동 감추다, 숨기다

to hide ; keep from being seen or known

He **concealed** himself. 그는 몸을 숨겼다.
She **concealed** the change in her feelings from her parents.
그녀는 마음이 변한 것을 부모가 알지 못하게 했다.

concern

동 …에 관계하다, …에 중요하다

to be about ; to be of importance of interest to

They were **concerned** in that business.
그들은 그 일에 관여하고 있었다.

The result of a Presidential election **concerns** all the people
who live in the country.
대통령 선거의 결과는 그 나라에 사는 모든 국민들과 이해관계가 있다.

conclude

동 …라고 결론을 내리다, …라고 단정하다

to come to an end ; to arrange or settle

I **concluded** it to be the best.
나는 그것이 최선이라고 단정했다.

bring a play to a happy **conclusion** 연극을 해피엔드로 이끌다

conduct

명 처신, 품행 동 처신하다

behavior

They were punished for bad **conduct**.
그들은 품행이 나빠 처벌을 받았다.

I'm glad to see your **conduct** at school has improved.
학교에서의 너의 행실이 좋아진 것을 보니 기쁘다.

She **conducted** herself nobly.
그녀는 품위 있게 처신했다.

conductor 지도자, 안내자, 차장

confess

동 고백하다, 인정하다

to admit a fault, crime, something wrong ; to make known to a priest or God

He refused to **confess.** 그는 고백하기를 거부했다.
He **confessed** himself (to be) guilty. 그는 자신의 죄를 인정했다.
confession 고백, 자백

conquer

동 정복하다, 이기다, 극복하다

to take by force ; win by war ; to defeat

The country has never been **conquered.**
그 나라는 결코 정복당한 적이 없다.

conqueror 정복자, 승리자
conquest 정복

conscience

명 양심, 도덕심

an inner sense that knows the difference between right and wrong

I have a clear **conscience.** 나는 마음에 꺼리는 데가 없다.
You should act according to your **conscience.**
네 양심에 따라 행동해야 한다.

conscientious 양심적인, 성실한, 진지한

consider

동 숙고하다, 살펴보다, 여기다

to think about ; to think of in a stated way

We **considered** his suggestion.
우리는 그의 제안을 곰곰이 생각해 보았다.

I **considered** him to have behaved badly.
나는 그가 버릇없이 굴었을 것으로 생각했다.

consideration **명** 고려, 심사숙고
considerable **형** 상당한, 적지 않은
considerate **형** 이해심이 많은, 신중한

A/O

B/P

C/Q

D/R

E/S

F/T

G/U

H/V

I/W

J/X

K/Y

L/Z

M

N

consist

동 이루어지다, 있다

to be made up of

A week **consists** of seven days.
1주일은 7일이다.

Happiness **consists** in contentment.
행복은 만족에 있다.

consist of -으로 구성되다
consist in -에 있다

construct

동 구성하다, 세우다, 조립하다

to build ; make by putting together or combining parts

The story is well **constructed**.
그 소설은 구성이 잘 되어있다.

construction **명** 건설, 건축공사
My house is under **construction**. 우리 집은 건축 중이다.

constructive **형** 건설적인, 발전적인

consult

동 참고하다, 상담하다

to go to a person, book, etc. for information, advice, etc.

Consult your dictionary. 사전을 찾아봐.
Have you **consulted** your doctor about your illness?
당신의 병에 대해서 의사의 진찰을 받아 보셨나요?

content

동 만족시키다 **형** 만족하고 있는 **명** 내용, 만족

to make happy or satisfied ; satisfied

John **contented** himself with one glass of wine.
존은 포도주 한 잔으로 만족해 했다.

They lived in peace and **content**.
그들은 평화 속에서 만족하며 살았다.

contest

동 경쟁하다 명 시합

to compete for ; fight for

The prize was hotly **contested**.
상을 타기 위해 열띤 경쟁이 벌어졌다.

He won the international **contest** for jumping.
그는 높이뛰기 국제 경기에서 우승했다.

continent

명 대륙 형 자제하는, 억제하는

any fo the seven main large masses of land on the earth

Europe is composed of Britain and the **Continent**.
유럽은 영국과 대륙의 여러 나라로 이루어져 있다.

the New Continent
신대륙

continental 형 대륙의
continence = continency 명 자제, 금욕

contrary

형 ···와 정반대인 명 반대의 것

the opposite ; to the opposite effect

The result was **contrary** to our plan.
결과는 우리의 계획과 정반대였다.

He is neither tall nor the **contrary**.
그는 키가 크지는 않지만 그 반대도 아니다.

convenient

형 편리한, 사용하기 쉬운

suited to ones needs

When is it **convenient** for you to come over here?
언제 이곳에 오시는 것이 좋겠습니까?

His office is **convenient** to the station.
그의 사무실은 역이 가까워 편리하다.

A/O
B/P
C/Q
D/R
E/S
F/T
G/U
H/V
I/W
J/X
K/Y
L/Z
M
N

convince

동 …을 확신하다, 설득하다

to cause someone to believe ; persuade

She **convinced** me that she was honest.
그녀는 자기가 정직하다는 것을 내게 납득시켰다.

I am **convinced** of her honesty.
나는 그녀가 정직하다고 확신하고 있다.

cordial

형 성심 어린, 진심에서 우러난

warmly friendly

They gave me a **cordial** welcome. 그들은 나를 진심으로 환영해 주었다.
a cordial welcome 진심어린 환영

cordiality 명 진심
He greeted her with **cordiality**.
그는 진심으로 그녀를 맞이했다.

correct

형 정확한, 올바른 동 정정하다, 고치다

right ; without mistakes

Your answer is not **correct**.
네 대답은 정확하지 않다.

Correct your watch.
네 시계를 맞추어라.

council

명 협의회, 의회

a group of people appointed or elected to make laws or decisions, for a town, church, etc., or to give advice

The **council** meets in the town hall.
지방 의회는 공회당에서 회합을 갖는다.

coward

명 겁쟁이, 비겁자

a person who shows fear in a shameful way

He is too much of a **coward** to attempt it.
그는 아주 겁쟁이어서 그것을 시도해보려고도 하지 않는다.

crack

동 날카로운 소리를 내며 깨지다   명 금, 깨진 틈

to break without dividing into separate parts

The ice **cracked** under the weight.
얼음은 무게를 견디지 못해 날카로운 소리를 내며 깨졌다.

The cup has two bad **cracks** in it. 그 컵은 두 군데가 금이 가 있다.

cradle

명 발상지, 요람

the place where something begins ; origin

Greece was the **cradle** of western civilization.
그리스는 서구 문명의 발상지였다.

credit

명 신용, 신뢰, 신망   동 믿다

the quality of being likely to repay debts ; to believe

He is a man of highest **credit**. 그는 신망이 높은 사람이다.
I **credit** him with kindness. 나는 그가 친절하다고 생각한다.

creep

동 기다, 살금살금 기어가다

to move slowly and quietly, esp. with the body close to the ground

We **crept** through the bushes.
우리는 기다시피 해서 숲을 통과했다.

The sea **crept** up the shore. 바닷물이 해변으로 밀려왔다.

crime

명 어리석은 행위, 죄

an offense which is punishable by law ; unlawful activity in general

It's a **crime** that students don't study.
학생들이 공부하지 않는 것은 어리석은 짓이다.

Hijacking is a **crime** against humanity.
항공기 납치는 반인륜적인 범죄이다.

criminal **명** 범인, 죄인

crop

명 농작물, 수확물 **동** 수확하다, 잘되다

a plant or plant product such as grain, fruit or vegetables grown by a farmer

the main crops of a country
한 나라의 주요 작물

The potato **crop** was very small this year.
올해는 감자가 매우 흉작이었다.

an average crop
평년작

a bad (poor) crop
흉작

an abundant (= a bountiful = a good = a heavy = a large) crop
풍작

The barley **cropped** well this year.
금년에는 보리가 잘되었다.

cruel

형 잔인한, 무자비한

liking to cause pain or suffering ; taking pleasure in the pain or another

Don't be **cruel** to animals.
동물들을 학대하지 마라.

crush

동 으깨다, 꺾다

to press with great force so as to destroy the natural shape or condition

She **crushed** grapes for wine.
그녀는 포도주를 만들기 위해 포도를 으깼다.

People **crushed** into a bus.
사람들이 버스에 밀어닥쳤다.

cultivate

동 재배하다, 개척하다, 개간하다

to prepare for the growing of crops

Reading **cultivates** the mind.
독서는 정신을 함양한다.

cultivate the wilderness
황무지를 개간하다

cunning

형 교활한 명 솜씨, 손재주

cleverness in deceiving

as **cunning** as a fox
매우 교활한

The potter lost his **cunning**.
그 도공은 자기 솜씨를 잃어버렸다.

cure

동 치료하다 명 치료제, 구제책

to make go away, esp. by medical treatment

He was **cured** of his heavy drinking.
그의 과음하는 버릇이 고쳐졌다.

This is a **cure** for a headache.
이건 두통약이다.

A/O
B/P
C/Q
D/R
E/S
F/T
G/U
H/V
I/W
J/X
K/Y
L/Z
M
N

curious

형 호기심이 강한, 알고 싶어 하는, 진기한, 이상한

eager to know, learn ; strange

I'm **curious** to know about you.
나는 너에 대해 알고 싶다.

She is very **curious** about other people's business.
그녀는 남의 일에 흥미를 가지고 있다.

current

형 공인된, 일반에 알려져 있는 명 물결, 흐름

commonly accepted ; in general use

Rumors about the actress are **current**.
그 여배우에 대한 여러 소문이 돌고 있다.

current topics
오늘의 화제, 시사 문제

D/d

damage

명 손해, 손상 동 손해를 주다, 손상하다

harm ; loss ; to cause damage to

Storms cause great **damage**.
폭풍우는 커다란 손실을 야기한다.

dawn

A/O

몡 새벽 동 날이 새다, 이해되기 시작하다

the time of day when light first appears ; to begin to grwo light just before the sun rises

He worked from dawn till dark.
그는 새벽부터 어두워질 때까지 일했다.

The truth has at last dawned on him.
그는 마침내 진실을 이해하게 되었다.

debt

몡 빚, 부채

something owed to someone else

I am still in debt to my tailor.
나는 아직도 양복점에 빚이 있다.

It's much easier to get into debt than to get out of debt.
빚을 갚기보다는 빚을 지는 것이 훨씬 쉽다.

deceive

동 속이다, 기만하다

to cause to accept as true or good what is false or bad

Do my eyes deceive me?
이런 일이 있을 수 있을까?

Advertisements must not deceive.
광고에 거짓[과장]이 있어서는 안 된다.

deception 기만, 속임
deceptive 사람을 기만하는, 속이는

deck

동 …으로 꾸미다, 장식하다 몡 갑판

to make more beautiful ; the usu. wooden floor of a ship

Waves swept the deck.
파도가 갑판을 덮쳤다.

The street was decked out in flags.
그 거리는 깃발들로 장식되었다.

declare

동 …이라고 단언하다, 포고하다

to make known publicly or officially, according to rules, custom, etc.

I **declared** him to be guilty.
나는 그가 유죄라고 단언했다.

Do you have anything to **declare**? 신고하실 물건이 있습니까? (세관에서)
declaration 선언, 공표

decline

동 …을 거절하다 **명** 쇠퇴, 쇠약, 몰락

to refuse, usu. politely; be unwilling

He **declined** to go to the park with us.
그는 우리들과 공원에 가는 것을 거절했다.

I am sorry to **decline** your kind offer.
친절하신 제의를 사절하게 되어 죄송하게 생각합니다.

defend

동 …으로부터 지키다, 방어하다

to keep safe from farm ; protect against attack

They **defended** the city against the enemy.
그들은 적으로부터 그 도시를 방어했다.

defence **명** 방어
Offence is the best **defence**.
공격이 최상의 방어다.

delicate

형 미묘한, 다루기 어려운, 까다로운

finely made ; needing careful handling

The body is a **delicate** machine.
신체는 정교한 기계이다.

She has a **delicate** skin.
그녀는 부드러운 피부를 가졌다.

delicacy 섬세함, 우아함

deliver

동 …을 전달하다, 배달하다, 말하다

to take things to people's houses or places of work

Please **deliver** this book to him.
그에게 이 책을 전해 주세요.

He **delivered** a suspect to the courtroom.
그는 용의자를 법정에 넘겼다.

delivery

명 배달, 인도, 진술, 분만, 구조

a difficult delivery
난산

an easy delivery
순산

delivery room
분만실, 도서 대출계

depart

동 출발하다, 떠나다

to leave esp. at the start of a trip ; go away

The train **departs** at 7:00 a.m.
열차는 오전 7시에 출발한다.

arrival and departure
도착과 출발

descend

동 내리다, 떨어지다, …을 갑자기 방문하다

to come, fall, or sink from a higher to a lower level ; to arrive
suddenly at

He **descended** the stairs.
그는 계단을 내려갔다.

The whole family **descended** on us at Christmas.
크리스마스에 온 가족이 우리를 불시에 방문했다.

A/O
B/P
C/Q
D/R
E/S
F/T
G/U
H/V
I/W
J/X
K/Y
L/Z
M
N

desert

명 사막 **동** 버리다, 유기하다

a large sandy piece of land where there is very little rain and hot many plants

The **desert** stretches far and wide.
사막은 멀리까지 넓게 퍼져 있다.

Don't **desert** me in my misfortune.
나를 불행 속에 남겨 두고 떠나지 마라.

deserve

동 받을 만하다, 받을 만한 가치가 있다

to be worthy of ; be fit for

The poor **deserve** our sympathy.
가난한 사람들은 동정을 받을 만하다.

the poor 가난한 사람들, the rich 부자들 *the + 형용사가 복수 보통명사가 된다
He **deserves** to be happy. 그는 행복할 만한 자격이 있다.

design

명 설계, 계획 **동** 설계하다

a plan; a drawing or pattern showing how something is to be made

This booklet is **designed** to explain the use of the machine.
이 소책자는 기계의 사용법을 설명하기 위한 것이다.

The book is **designed** as a college text book.
이 책은 대학 교재로 저술되었다.

He **designed** to become rich. 그는 부자가 되려고 마음먹었다.

despise

동 경멸하다, 몹시 싫어하다

to regard as worthless, low, bad, etc. ; dislike very strongly

Honest boys **despise** lies.
정직한 소년들은 거짓말을 싫어한다.

Industrious people **despise** laziness.
근면한 사람들은 게으름을 싫어한다.

develop

동 발달시키다, 발육시키다

to grow, increase, or become more complete

Fresh air **develops** healthy bodies.
맑은 공기는 건강한 육체를 발달시킨다.

A blossom **develops** a bud.
꽃은 봉오리에서 발육한다.

devil

명 마왕, 악마

the most powerful evil spirit ; Satan

Talk of the **devil**, and he will appear.
악마는 제 이야기를 하면 나타난다 (호랑이도 제 말 하면 온다).

dew

명 이슬, 물방울

the small drops of water which form on cold surfaces during the night

The **dew** falls in early morning.
이슬은 이른 아침에 맺힌다.

differ

동 …과 다르다, 반대 의견을 내다

to be unlike ; to have an opposite opinion

His opinion **differs** from mine.
그의 의견은 내 의견과 다르다.

The two brothers often **differ**.
두 형제는 종종 의견이 맞지 않는다.

difference 다름, 차이
different 다른, 별개의

A/O
B/P
C/Q
D/R
E/S
F/T
G/U
H/V
I/W
J/X
K/Y
L/Z
M
N

dig

동 파다, 구멍을 파다

to break up and move earth

He **dug** a deep hole.
그는 깊은 구멍을 팠다.

to dig the ground
땅을 파다

dig - dug - dug

dip

동 잠깐 담그다, 살짝 떨어지다

to put in/ into a liquid for a moment

He **dipped** his head into the water.
그는 머리를 물속에 담갔다.

The sun **dipped** below the western sea.
해가 서해로 졌다.

direct

형 가까운, 똑바른 동 길을 가르쳐 주다, 명령하다

straight ; going from one point to another without turning aside

Which is the most **direct** way?
어느 것이 가장 가까운 길인가?

Can you **direct** me to the station?
역까지 가는 길을 가르쳐 줄 수 있어요?

dirt

명 더러움, 흙

unclean matter, esp. in the wrong place

dirt road
비포장 도로

He is driving a **dirty** wagon.
그는 청소차를 운전한다.

disappear

동 사라지다, 자취를 감추다

to go out of sight

The little boy **disappeared** down the road.
그 소년은 거리에서 보이지 않게 되었다.

She **disappeared** from sight.
그녀는 시야에서 사라졌다.

disappoint

동 실망시키다, 방해하다

to fail to fulfill the hopes of

His conduct **disappointed** us.
그의 행실은 우리를 실망시켰다.

It **disappointed** my plan.
그것 때문에 내 계획이 좌절되었다.

disgrace

명 불명예, 치욕 동 …의 명예를 더럽히다

shame or loss of honor and respect ; to be a disgrace to

fall into disgrace with
…의 눈 밖에 나다, 인기를 잃다

He has brought **disgrace** on his school.
그는 학교의 명예를 더럽혔다.

disguise

동 위장시키다, 모습을 바꾸게 하다

to change the usual appearance, etc. of, so as to hid the truth

He **disguised** himself as a woman.
그는 여자로 변장했다.

dislike

동 …을 싫어하다 명 싫어함, 싫증

He **dislikes** going to school.
그는 학교 가는 것을 싫어한다.

He has a strong **dislike** for frozen food.
그는 냉동식품을 아주 싫어한다.

dismiss

동 해산시키다, 모습을 바꾸게 하다

to take away; to send away

The class is **dismissed**.
수업은 이만 끝.

You are **dismissed**.
해산!

The suspect was **dismissed** after questioning.
용의자는 심문 후 방면되었다.

dismissal 명 해고, 면직, 퇴학

display

동 전시하다, 자랑삼아 내보이다

to show

New books are **displayed** in the show window.
신간 서적이 진열장에 전시되어 있다.

dispose

동 배치하다, … 할 마음을 갖다

to put in place ; set in readiness

He **disposed** furniture artfully around the room.
그는 가구를 방에 멋지게 배치했다.

His encouragement **disposed** me for the job.
그의 격려로 그 일을 해볼 마음이 생겼다.

dispute

동 논쟁하다, 언쟁하다 **명** 논의, 논쟁

to argue, esp. angrily and for a long time

They **disputed** for hours whether to build a new school.
그들은 학교 신설 여부에 관해 몇 시간 동안 논쟁을 벌였다.

The miners were in **dispute** with their employers about pay.
광부들은 임금에 관해 그들의 고용주들과 쟁의 중이었다.

distinct

형 …와는 전혀 다른, 뚜렷한, 분명한

different ; separate ; noticeable

Horses are **distinct** from donkeys.
말은 당나귀와 전혀 다르다.

They have a **distinct** southern accent.
그들은 뚜렷한 남부 사투리를 쓴다.

distinctly **부** 똑똑히, 명확하게
distinction **명** 구별, 영예

distinguish

동 알아보다, 구별하다, 눈에 띄다

to hear, see, or recognize ; to make or recognize differences

It is important to **distinguish** good from evil.
선악을 구별한다는 것은 중요한 일이다.

Zebras are **distinguished** from other equine animals by their
stripes. 얼룩말은 줄무늬로 다른 종과 구별된다.
equine 말의, 말에 관한

distress

명 고뇌, 고민, 골칫거리 **동** …을 괴롭히다

great suffering, pain, or discomfort

He is a great **distress** to the family.
그는 가족에게 커다란 골칫거리이다.

I am **distressed** to hear the news. 나는 그 소식을 듣고 괴롭다.

district

명 지구, 지역

to area of a country, city, etc., esp. made officially for particular purposes

an agricultural district 농업지역
She wants to live in a rural **district**.
그녀는 시골에서 살고 싶어 한다.

disturb

동 …을 방해하다

to break in upon ; interrupt

I am sorry to **disturb** you.
너를 방해해서 미안하다.

I hope I'm not **disturbing** you.
방해가 되지 않았으면 합니다.

Don't **disturb**.
(잠자고 있으니) 깨우지 마시오.

divine

형 신의, 신으로부터의 동 점치다, 예언하다

of, coming from, or being God or a god ; to discover of guess by or as if by magic

divine judgment
신의 심판

Who can avoid the **divine** judgment?
누가 신의 심판을 피할 수 있을까?

domestic

형 자국의, 국내의

of one's own country or some particular country

My father is a **domestic** man.
우리 아빠는 가정적인 분이시다.

domestic economy
국내 경제

doom

명 운명, 멸망, 죽음

a terrible fate ; unavoidable destruction or death

From the start, the plan was doomed.
처음부터 그 계획은 필연적으로 실패하게 되어 있었다.

meet one's doom 죽다, 망하다

drag

동 끌다, 끌어당기다　명 방해물, 장애물

the action or an act of dragging

He dragged the feet along. 그는 발을 질질 끌었다.
He felt that his family was a drag on his career.
그는 자신의 가족이 그의 출세에 장애물이 된다고 생각했다.

dread

동 …을 매우 무서워하다

to fear greatly

I dread to think of it. 나는 그것을 생각하기가 두렵다.
dreadful 굉장히 무서운

drown

동 익사하다, 물에 빠지다

to die under water because unable to breathe

He was drowned in the river.
그는 강에서 익사했다.

dull

형 둔감한, 흐릿한　동 약하게 하다

slow in thinking and understanding ; not bright or shining

He is dull to pain. 그는 고통에 둔감하다.
All work and no play makes Jack a dull boy.
공부만 하고 놀지 않으면 머리가 둔해진다.

dumb

형 말을 못 하는, 아연실색하는

unable to speak ; stupid

He was struck **dumb** with horror. 그는 공포로 아연 실색했다.
the deaf and dumb 농아

dwell

동 …에 살다, 존재하다

to live in a place

Memory of him still **dwelt** in her mind.
그에 대한 추억은 아직도 그녀의 마음속에서 사라지지 않고 있었다.
He **dwells** in a city. 그는 도시에 산다.

E/e

eager

형 …에 열심인, 몹시 …하고 싶어하는

full of interest or desire

He is **eager** in his studies.
그는 자기의 연구에 열심이다.
He is **eager** to become rich.
그는 몹시 부자가 되고 싶어 한다.

earnest

형 진지한, 성실한, 엄숙한

determined and serious

John is very **earnest** young man.
존은 아주 성실한 젊은이다.

echo

명 메아리　**동** 반향하다, 울려 퍼지다

a sound sent back or repeated, e.g. from a wall or inside a cave ; to come back as an echo

The valley **echoed** as he sang.
그가 노래하자 계곡에 울려 퍼졌다.

Echoes resound.
메아리가 울린다.

effect

명 결과　**동** 시행되다, 발표되다

a result ; to come into operation

cause and effect
원인과 결과

The new tax system will take **effect** next May.
새로운 세금 제도가 다음 5월에 시행된다.

effective 효과적인

effort

명 노력, 노고

the use of strength ; trying hard

Victory will require our utmost **effort**.
우리는 승리를 얻으려면 전력을 다해야 한다.

with effort 애써서, 간신히
without effort 수고도 없이

elbow

명 팔꿈치　**동** 팔꿈치로 밀치고 나아가다

the joint where the arm bends, esp. the outer point of this

He is resting on one **elbow**.
그는 한쪽 팔꿈치에 몸을 의지한 채 쉬고 있다.

elbow one's way through a crowd
군중을 헤집고 나아가다

element

명 **구성요소, 원소**

any of certain simple substances that, alone or in combination, make up all substances

Health is an **element** of happiness.
건강은 행복의 한 요인이다.

Hard work is the main **element** of success.
근면이 성공을 위한 주된 요소이다.

embrace

동 **안다, 껴안다** 명 **포위, 지배**

to take and hold in the arms as a sign of love

She was helpless in the **embrace** of terror.
그녀는 두려움에 사로잡혀 어쩔 줄 몰랐다.

embrace a child
어린이를 꼭 껴안다

empty

형 **속이 비어 있는, 공허한**

containing nothing

The room was **empty** of furniture.
그 방은 텅 비어 있다.

empty promises
말뿐인 약속

enclose

동 **둘러싸다, 동봉하다**

to surround with a fence or wall so as to shut in or close

Trees **enclosed** the field.
나무들이 밭을 둘러싸고 있었다.

Her letter **enclosed** several photographs.
그녀의 편지에는 몇 장의 사진이 동봉되어 있었다.

encourage

동 …에게 …하도록 격려하다

to give courage or hope to

He **encouraged** people to revolt.
그는 민중을 선동하여 반란을 일으키게 했다.

She was **encouraged** by her success.
그녀는 성공에 자신감을 얻었다.

They were **encouraged** in their work by a teacher.
그들은 공부를 계속하도록 선생님에게서 격려 받았다.

endure

동 견디어내다, 계속하다

to bear ; to last

I can't **endure** such a fellow.
나는 그런 사람을 견딜 수 가없다.

His fame will **endure** forever.
그의 명성은 영원히 계속될 것이다.

engage

동 종사시키다, 예약하다, 약혼하다

to arrange to employ

He is deeply **engaged** in his study.
그는 자기의 연구에 깊이 몰두해 있다.

Every seat is **engaged**.
모든 좌석은 예약되어 있다.

enlarge

동 확대하다, 증가되다

to grow larger or wider

enlarge a house 집을 증축하다
This photograph probably won't **enlarge** well.
이 사진은 아마 확대가 잘 되지 않을 거다.

enlargement 확장, 증축

A/O
B/P
C/Q
D/R
E/S
F/T
G/U
H/V
I/W
J/X
K/Y
L/Z
M
N

enormous

형 **막대한, 거대한**

very large indeed

an enormous sum of money
막대한 금액

He is an **enormous** criminal.
그는 흉악범이다.

entire

형 **완전한, 전폭적인**

complete

entire ignorance
형편없는 무식

I am in **entire** agreement with you.
전적으로 당신에게 동의합니다.

envy

명 **시샘, 선망** 동 **부러워하다**

a feeling one has towards someone when one wishes that one had his/her qualities or possessions

How I **envy** you!
참으로 네가 부럽다!

He was the **envy** of everyone.
그는 모든 이의 선망의 대상이었다.

establish

동 **설립하다, 창설하다, 임명하다, 입증하다**

to set up ; to place in a particular esp. favorable position

This company was **established** in 1890.
이 회사는 1890년에 창설되었다.

to establish the truth of a story
이야기의 진실을 입증하다

eternal

형 **영원한**

going on forever' without beginning or end

eternal truths 불변의 진리
eternal life 영생
I found an **eternal** love is impossible for them.
나는 그들을 위한 영원한 사랑은 불가능하다는 것을 알았다.

eternity 명 영원, 불멸

evident

형 **분명한, 명백한**

plain, esp. to the senses

He made an **evident** mistake.
그는 명백한 잘못을 저질렀다.

It's **evident** that he is in love.
그가 사랑을 하고 있는 것은 분명하다.

exact

형 **정확한, 정밀한**

correct and without mistakes

What is the **exact** amount?
정확한 수량은 얼마인가?

exceed

동 **초과하다, 이상이다**

to do more than

Export **exceeds** import.
수출이 수입을 초과한다.

excess 명 과도, 과잉
excessive 형 과다한, 과도의

exchange

동 맞바꾸다, 교환하다 명 교환

to give and receive; the act or action of exchanging

He **exchanged** his watch for a new one.
그는 그의 시계를 새 것과 바꾸었다.
I **exchanged** a look with her.
나는 그녀와 시선이 마주쳤다.

excite

동 흥분시키다, 자극하다

to cause to lose calmness and to have strong feelings, often pleasant

Everybody was **excited** by the news.
모든 사람이 그 소식에 흥분했다.

exclaim

동 외치다, 절규하다

to say suddenly, because of strong feeling

"Here we are at last!" she **exclaimed**.
"야, 드디어 도착했구나!"라고 그녀는 큰소리로 말했다.

exclamation 명 외치는 소리, 외침

expense

명 비용, 경비

cost of money, time, effort, etc.

A car is a great **expenses**.
자동차는 구입하는 데 돈이 많이 든다.

expensive 형 비싼, 사치스러운

experiment

명 실험 동 실험하다

trial made in order to learn something or prove the truth of an idea

on experiment
시험적으로

They experimented on rabbits.
그들은 토끼를 써서 실험했다.

expose

동 노출시키다, 진열하다, 폭로하다

to uncover ; leave unprotected

They are exposed to great danger.
그들은 커다란 위험에 노출되어 있다.

He exposed a plot to the police.
그는 음모를 경찰에 밀고했다.

exposure 명 폭로, 노출

extreme

형 극도의, 극심한 명 극단, 극

the greatest possible ; an extreme

Extremes meet.
극은 극과 통한다.

extreme poverty
극도의 빈곤

extremity 극단, 극도

F/f

fade

동 시들다, 사라지다

to lose strength, color, freshness, etc.

Flowers have **faded**.
꽃들은 시들었다.

Old soldiers never die, they just **fade** away.
노병은 죽지 않고 다만 사라질 뿐이다.

faint

형 어렴풋한, 어질어질한 동 졸도하다

weak and about to lose consciousness

She answered in a **faint** murmur.
그녀는 희미하게 속삭이듯 대답했다.

I think I'm going to **faint**.
졸도할 것 같다.

faith

명 믿음, 신뢰, 신용

strong belief ; trust

I have **faith** in my friends.
나는 친구들을 신뢰한다.

faithful 성실한, 충실한
He is **faithful** to his promise.
그는 약속을 꼭 지킨다.

familiar

형 흔한, 정통한, 친숙한

generally known, seen, or experienced ; common

a familiar story
흔히 있는 이야기

I'm very **familiar** with English.
나는 영어에 정통하다.

fate

명 운명 **동** …할 운명이다

the imaginary cause beyond human control that is believed to decide events

by an irony of fate
운명의 장난으로

He was **fated** to die young.
그는 젊어서 죽을 운명이었다.

favor

명 친절한 행위, 부탁 **동** 호의를 베풀다

a kind act ; to give something nice

May I ask a **favor** of you? (=Will you do me a favor?)
부탁 하나 드려도 될까요?

Will you **favor** me with a song?
제게 노래를 하나 들려주실래요?

feature

명 얼굴의 이목구비, 특징

any of the noticeable parts of the face ; a part or quality

Her eyes are her best **feature**.
그녀는 눈이 제일 잘 생겼다.

features of the times
그 시대의 특징

feeble

형 (체력이) 약한, 힘이 없는

weak ; with little force

He is **feeble** in health.
그는 건강이 쇠약해졌다.

feed

동 먹이다, 먹다 명 먹이

to give food to ; a meal taken by an animal

The woman **feeds** a baby at the breast.
그 여자는 아기에게 모유를 먹인다.

The patient can't **feed** itself yet.
그 환자는 아직 혼자서 먹지 못한다.

female

형 여성의, 암컷의 명 여성, 여자, 암컷

of the sex that gives birth to young

the male and female sex
남성과 여성

the female form
여성형

feminine 여자다운, 섬세한

fierce

형 맹렬한, 거센, 난폭한

angry, violent, and cruel

She looks **fierce**.
그녀는 거칠어 보인다.

a fierce dog to guard the house
집을 지키는 맹견

figure

명 모습, 용모, 계산, 숫자 동 계산하다

the human shape considered from the point of view of being attractive

He had a good head for figures.
그는 계산에 뛰어난 머리를 가졌다.

That man has a good figure.
저 남자는 몸매가 좋다.

a slender figure 호리호리한 몸매

firm

형 단단한, 단호한, 돈독한 동 굳다, 확고하다

strong ; solid ; steady

His face firmed. 그의 얼굴이 굳어졌다.
His opinions have not yet firmed up.
그의 의견은 아직 확정되지 않았다.
It is firm as a rock. 그것은 바위처럼 단단하다.

fit

동 꼭 맞다, 알맞게 하다 명 발작, 경기

to be the right size or shape ; to make suitable for

The coat fits you to a nicety.
그 외투는 네게 잘 어울린다.

Her special abilities fit her well for the job.
그녀는 특별한 능력이 있어 그 일에 아주 적합한 사람이다.

a fit of coughing 발작적인 기침

flame

명 불길, 불꽃 동 (얼굴이) 붉어지다

red or yellow burning gas ; to become red, bright, etc. by or as if by burning

He saw his house in flames.
그는 불타고 있는 집을 바라보았다.

Her face flamed with shame.
그녀의 얼굴은 부끄러워 빨개졌다.

flash

동 번쩍 빛나다, 번쩍이다 **명** 번쩍임, 순간

to appear of shine for a moment

His eyes **flashed** with anger.
그의 두 눈은 분노로 이글거렸다.

in a flash
곧, 순식간에

fleet

명 함대, 선대 **동** 빨리 흐르다

That is very powerful **fleet**.
저것은 매우 강력한 함대다.

The years **fleet** by.
세월은 빨리 흐른다.

flesh

명 육체, 체중, 친척

the human body as opposed to the mind or soul

the pleasures of the flesh 육체의 쾌락
one's own flesh and blood 자신의 혈육
His **flesh** fell rapidly away.
그의 체중은 급속히 줄어들었다.

float

동 띄우다, 뜨게 하다

to stay at the top of liquid or be held up in air without sinking

The tide **floated** us into the harbor.
우리는 조류에 밀려 항구에 닿았다.

floating 부동하는, 유동하는, 변동의

flutter

동 펄럭이다 명 동요, 혼란

to move quickly and lightly without flying

The ship's flag **fluttered** in the wind.
그 배의 깃발이 바람에 펄럭였다.

Everybody was in a **flutter** as the President came in.
대통령이 들어왔을 때 모든 사람들이 동요했다.

fix

동 결정하다, 수리하다

to arrange ; to repair

I **fixed** my residence in Boston.
나는 주거를 보스턴에 정했다.

I **fixed** a stamp on the envelope.
나는 봉투에 우표를 붙였다.

folk

명 사람들, 가족 형 민속의, 민중의

people of one race or nation, or sharing a particular kind of life

country folk
시골 사람들

How are all your **folks**?
너희 가족은 모두 어떻게 지내니?

forbid

동 금하다, 금지하다

to command not to do something

He was **forbidden** tobacco.
그는 담배를 피울 수 없었다.

Bad weather **forbade** us to go out. 날씨가 나빠서 외출할 수 없었다.
forbid - forbade - forbidden

force

동 억지로 …시키다 **명** 효력

to use bodily force or strong influence on

She was **forced** to agree.
그녀는 동의하지 않을 수 없었다.

We will put a law into **force** from next month.
우리는 다음 달부터 법률을 시행할 것이다.

be forced to - = be compelled to = be bound to
−하지 않을 수 없다

forgive

동 용서하다, 너그럽게 봐주다

to say or feel that one is no longer angry about and wishing to give punishment

They **forgave** him his offenses.
그들은 그의 죄를 용서했다.

Forgive me for keeping you waiting. 기다리게 해서 죄송합니다.

forsake

동 저버리다, 버리다, 그만두다

to desert ; leave for ever

His old friends **forsook** him.
그의 옛 친구들은 그를 저버렸다.

The little village had a **forsaken** look.
그 조그만 마을은 버려진 모습이었다.

forsake - forsook - forsaken

foul

형 더러운 **동** 더럽히다 **부** 위법으로

bad-smelling and impure

I am in **foul** spirits.
나는 불쾌한 기분이다.

The whole river was **fouled** up with oil.
강 전체가 기름으로 더럽혀져 있었다.

A/O

B/P

C/Q

D/R

E/S

F/T

G/U

H/V

I/W

J/X

K/Y

L/Z

M

N

fountain

명 분수, 원천, 근원

a stream of water that shoots straight up into the air

The children played in the **fountain** in the park.
아이들은 공원에 있는 분수에서 놀았다.

a fountain of youth
젊음의 원천

fragrant

형 냄새 좋은, 향기로운, 즐거운

having a sweet or pleasant smell

fragrant memories
달콤한 추억

The air in the garden was warm and **fragrant**.
정원의 공기가 아늑하고 향기로웠다.

fragrance 좋은 향기, 방향

frank

형 솔직한, 숨기지 않는

free and direct in speech ; plain and honest

I will be perfectly **frank** with you.
당신에게는 솔직히 말할게요.

freeze

동 동사시키다, 얼리다

to harden into or become covered with ice ; to preserve or be preserved by means of ver low temperatures

He was **frozen** to death.
그는 얼어 죽었다.

The sight made my blood **freeze**.
그 광경은 내 간담을 서늘하게 했다.

freight

명 화물 운송　동 짐을 싣다

the carrying of goods by some means of transport

This aircraft company deals with **freight** only.
이 항공 회사는 화물 운송만을 취급한다.

freight a boat with fruit
배에 과일을 싣다

frequent

형 빈번한, 잦은, 자주 생기는

common ; found or happening often

Typhoons are **frequent** here during early autumn.
이 지방에서는 초가을에 태풍이 많이 분다.

It's **frequent** practice to do.
그것은 흔히 하는 짓이다.

fresh

형 신선한, 최근의, 익숙하지 못한, 시원한

not long gathered, caught, produced, etc., and therefore in good
condition

fresh news　최신 뉴스
He is **fresh** to that job.
그는 그 일에 미숙하다.

It's healthy to spend time in the **fresh** air.
야외에서 시간을 보내는 것이 건강에 좋다.

fright

명 공포

the feeling of fear

He was near dead with **fright**.
그는 무서워서 거의 죽을 뻔했다.

frighten

동 깜짝 놀라게 하다

The mask **frightened** the child.
그 가면은 그 아이를 깜짝 놀라게 했다.

frightful 형 무서운, 추악한
a frightful sight 무서운 광경

frost

명 서리, 냉담함

a white powdery substance formed on outside surfaces from very small drops of water when the temperature of the air is below freezing point

There was a heavy **frost** last night.
어젯밤 된서리가 내렸다.

She looked at him with **frost** in her gaze.
그녀는 차가운 눈길로 그를 바라보았다.

funeral

명 장례식, 장례

a ceremony, usu, religious, of burying or burning a dead person

hold a funeral
장례식을 거행하다

The general was given a state **funeral**.
그 장군은 국장으로 치러졌다.

fury

명 격노, 맹렬

very great anger ; wild force or activity

I was filled with **fury**.
나는 분노에 가득 차 있었다.

They flew into a **fury**.
그들은 격노했다.

G/g

gallant

형 화려한, 친절한, 씩씩한

courageous ; attentive and polite to women

He made a **gallant** show.
그는 화려하게 꾸몄다.

a gallant soldier
씩씩한 병사

gallop

동 질주하다, 급히 행동하다 명 질주

to go at the fastest speed

They **galloped** off.
그들은 황급히 서둘렀다.

I was running at full **gallop**.
나는 전속력으로 달리고 있었다.

gaze

동 가만히 보다, 응시하다

to look steadily for a long or short period of time

She **gazed** into my face.
그녀는 내 얼굴을 빤히 쳐다보았다.

generation

명 세대, 같은 세대에 속하는 사람들

a single stage in the development of a family, or the average period of time between each stage

from generation to generation
대대로

his descendant in the tenth generation
그의 10대 자손

the present generation
현대의 사람들

Bulguk temple should be preserved from generation to generation.
불국사는 대대로 보존되어야 한다.

generous

형 아끼지 않는, 관대한, 풍부한

showing readiness to give money, help, kindness, etc.

He is generous with his money.
그는 돈에 인색하지 않다.

a generous meal
푸짐한 식사

generosity 명 관대, 관용

genius

명 천재, 소질, 특질

very great ability

Her latest book is a work of genius.
그녀의 최신간 책은 천재적인 작품이다.

the genius of the English people
영국민의 특질

glance

동 얼핏 보다 **명** 보기, 일견

to give a rapid look ; a rapid look or movement of the eyes

I want to **glance** at the paper.
나는 신문을 훑어보고 싶다.

She saw at a **glance** that he'd been crying.
그녀는 첫눈에 그가 울고 있었다는 것을 알았다.

glide

동 모르는 새 지나가다, 미끄러지듯 나아가다

to move in a smooth, continuous manner, which seems easy and without effort

The canoe **glided** over the lake.
카누는 호수 위를 미끄러지듯이 나아갔다.

The thief **glided** along the wall.
도둑은 벽을 따라서 미끄러지듯이 달렸다.

glory

명 영광, 전성

great fame or success ; praise and honor

Glory be to God!
신에게 영광을!

in one's **glory**
성공의, 절정에, 의기양양하여

govern

동 다스리다, 통치하다

to rule a country, city, etc., and its people

Man is **governed** by circumstances.
인간은 환경의 지배를 받는다.

governor 통치자, 우두머리, 지사
government 정체, 정부

grace

명 우아함, 세련미 **동** …을 영광되게 하다

the quality of being fine, effortless, and attractive in movement, form, or behavior

Her figure was **grace** itself.
그녀의 자태는 매우 우아했다.

Her presence **graced** the occasion.
그녀가 참석해 그 자리가 빛났다.

graceful 고상한, 우아한, 기품이 있는

grade

명 학년, 석차, 등급

a class for the work of a particular year of school course ; a degree of rank or quality

The elementary school has six **grades**.
초등학교는 6학년까지 있다.

He has fair **grades**.
그는 성적이 그저 그렇다.

graduate

동 졸업하다, 학위를 받다

to complete an educational course

In what year did you **graduate** from the school?
너는 몇 년도에 그 학교를 졸업했니?

graduation 졸업, 졸업식
graduated 단계를 지은, 누진적인

grant

동 수락하다, 인정하다, 주다

to give, esp. what is wanted or requested ; to admit to the truth of something

May God **grant** good fortune to you!
행운을 빕니다!

He was **granted** permission to enter the White House.
그는 백악관에 들어가는 허가를 받았다.

grasp

동 잡다, 붙잡다, 쥐다

to take or keep a firm hold of, esp. with the hands

A drowning man will **grasp** at a straw.
물에 빠진 사람은 지푸라기라도 잡으려한다.

Grasp the chance!
그 기회를 잡아라!

grateful

형 감사하는, 고맙게 여기는

feeling or showing thanks to another person

I am **grateful** for your kindness.
친절하게 대해 주셔서 감사드립니다.

gratitude 감사, 사의
gratify 만족시키다, 기쁘게 하다

grief

명 슬픔

great sorrow or feelings of suffering, esp. at the death of a loved person

His conduct was a **grief** to his parents.
그의 행동은 그의 부모에게는 근심거리였다.

grind

동 갈다, 문지르다, 가루로 만들다

to crush into small pieces or a powder by pressing between hard surfaces

freshly-ground coffee
금방 갈아서 만든 커피

This wheat **grinds** well.
이 밀은 잘 갈린다.

groan

명 끙끙거리는 소리, 신음소리
동 신음하다, 끙끙거리는 소리로 말하다
a rather loud sound of suffering, worry, or disapproval, made in a deep voice

There were loud **groans** when he asked them for money.
그가 돈을 청구했을 때 그들은 몹시 투덜거렸다.

He **groaned** with pain. 그는 고통으로 신음했다.

guilt

명 죄, 범죄

the fact of having broken a law

You must confess your **guilt**.
너는 네 죄를 고백해야 한다.

guilty **형** 죄를 범한, 유죄의

gulf

명 간격, 격차, 만, 심연
a great area of division or difference, esp. between opinions ; a large deep stretch of sea partly enclosed by land

I can see a wide **gulf** between what they say and what they do.
나는 그들의 말과 행동 사이의 현격한 차이를 알고 있다.

the Gulf of Mexico
멕시코 만

A/O
B/P
C/Q
D/R
E/S
F/T
G/U
H/V
I/W
J/X
K/Y
L/Z
M
N

H/h

habit

명 습관, 버릇

customary behavior

What is your **habit**?
너의 버릇은 무엇이니?
Habit is a second nature. 습관은 제2의 천성이다.

handle

동 다루다, 취급하다 명 손잡이

to deal with ; control ; a part of an object which is specially made for holding it or for opening it

The teacher **handles** the class well.
그 교사는 학급을 잘 다룬다.

harm

명 손해, 피해

damage ; wrong

The storm did great **harm** to the crop.
폭풍우는 농작물에 큰 피해를 입혔다.

He took no **harm**. 그는 아무런 피해도 입지 않았다.
harmful 해로운

harsh

형 가혹한, 거친, 거슬리고 불쾌한

unpleasant in causing pain to the senses ; showing cruelty or lack of kindness

She was **harsh** to her maid.
그녀는 하녀에게 엄격했다.

harsh sounds 귀에 거슬리는 소리

harvest

동 수확하다 명 추수

to gather a crop ; the act of gathering the crops

a rich harvest 풍작
We all helped with the **harvest**. 우리 모두는 추수를 도왔다.

hatch

동 부화하다, 새끼를 까다, 깨다, 꾸미다

to break, letting the young bird out ; to break through an egg

Don't count your chickens before they are **hatched**.
부화되기도 전에 병아리를 세어보지 말아라. (김칫국부터 마시지 마라)
Three chickens have **hatched** out. 병아리 세 마리가 부화했다.

haunt

동 자주 찾아들다, 출몰하다 명 출몰하는 곳

to visit regularly

He **haunted** the art galleries.
그는 화랑을 자주 찾았다.
A headless man **haunts** the castle. 그 성에는 머리 없는 귀신이 출몰한다.

heal

동 낫게 하다, 조정하다

to become healthy, esp. to grow new skin

His wounds are **healing**. 그의 상처가 아물고 있다.
Time **heals** most trouble. 시간이 지나면 대개의 괴로움은 사라진다.

heap

명 더미, 무더기 동 쌓다

I have a **heap** of work to do.
나는 해야 할 일이 대단히 많다.

He **heaped** food on the plate. 그는 음식을 접시에 수북하게 담았다.

hedge

명 울타리, 방어 **동** 울타리로 두르다, 언급을 회피하다

a row of bushes or small trees dividing one yard or field from another

He **hedged** in a garden for 3 hours.
그는 세 시간 동안이나 정원에 울타리를 쳤다.

heed

동 유의하다, 주의를 기울이다 **명** 주의, 조심

to give attention to

He pays **heed** to his clothes.
그는 옷에 신경을 쓴다.
Heed your doctor's advice!
의사 선생님의 충고에 잘 따라라!
heedless 무관심한

heel

명 발, 뒤꿈치, 구두의 뒤축

the back part of the foot

There's a hole in the **heel** of my stocking.
내 스타킹 뒤꿈치에 구멍이 나있다.
wear high heels 하이힐을 신다

hire

동 고용하다, 임대하다 **명** 임차료, 사용료

to employ for a time for payment ; the act of hiring or state of being hired

They **hire** out glassware for parties.
그들은 파티용으로 유리그릇을 빌려 쓴다.
We **hired** ourselves out as bricklayers.
우리는 벽돌공으로서 고용되었다.

hit

동 치다, 때리다, …을 충돌시키다

to give a blow to ; strike

hit the target
표적을 맞히다

The ball **hit** the window. 공이 창문에 맞았다.
hit - hit - hit

hither

부 이리로, 여기로

to this place

hither and thither
여기저기로, 사방팔방으로

Come **hither**!
이쪽으로 오너라!

hitherto 여태까지, 지금까지

hollow

형 속이 빈, 공허한, 힘없는

having an empty space inside

a hollow tree 속이 빈 나무
a hollow sound 힘없는 소리
His laughter rang **hollow**.
그의 웃음소리는 공허하게 들렸다.

holy

형 신과 연관된, 신성한

connected with God and religion ; pure and blameless

a holy shrine 성당
holy rites 종교상의 의식
His hobby is pilgrimage of **holy** places.
그의 취미는 성지순례다.

A/O
B/P
C/Q
D/R
E/S
F/T
G/U
H/V
I/W
J/X
K/Y
L/Z
M
N

hook

동 걸다 **명** 물건을 거는 고리

a curved piece of metal, plastic, etc., for catching something on or hanging things on ; to hang on or fasten with a hook

a hat hook 모자걸이
Don't **hook** the dress over a nail.
못에 옷을 걸지 마라.

hop

동 깡충 뛰어넘다, 뛰어오르다

to jump on one leg ; to get quickly onto or into

The rabbit **hopped** a fence.
토끼가 울타리를 뛰어넘었다.

hop into a car 차에 뛰어오르다
Let's go **hopping**. 2차 갑시다.

horizon

명 수평선, 지평선, 지식의 범위

the limit of one's view across the surface of the earth, where the sky seems to meet the earth or sea

The sign of peace is on the **horizon**.
평화의 조짐이 보인다.

below the horizon 지평선 아래에
widen one's intellectual horizon 지식의 범위를 넓히다
horizontal 수평의

horror

명 공포, 소름끼침, 혐오

a feeling of great shock, fear, and dislike

She cried out in **horror**.
그녀는 무서워서 소리를 질렀다.

the horror of war
전쟁의 공포

horrible 무서운, 끔찍한
horrify 무섭게 하다, 오싹하게 하다

howl

명 (늑대, 개의) 길게 짖는 소리 동 신음소리를 내다, 짖다, 울부짖다

a long loud cry, esp. that made by wolves and dogs ; to make howls

The wolves **howled** all night.
늑대들은 밤새도록 울부짖었다.

host

명 주인, 무리 동 주인 노릇을 하다, 접대하다

a man who receives guests ; to act as host at a party, friendly meeting, etc.

act as host at a party
파티에서 주인 노릇을 하다

Korea was the **host** country for the Olympic Games in 1988.
한국은 1988년에 올림픽 경기 개최국이었다.

huge

형 거대한, 대단히 큰

very big

a huge pile of leaves
산더미 같은 낙엽

It is very **huge**.
어마어마하게 크다.

humble

형 하찮은, 겸손한

unimportant ; having a low opinion of oneself and a high opinion of others

Life I love, and before death I am **humble**.
나는 인생을 사랑하며, 죽음을 앞두고 겸허하다.

I prefer a **humbler** car.
나는 좀 더 작은 차가 좋다.

A/O
B/P
C/Q
D/R
E/S
F/T
G/U
H/V
I/W
J/X
K/Y
L/Z
M
N

humor

명 해학, 익살

the ability to be amused ; the quality of causing amusement

He has a sense of **humor**.
그는 유머 감각이 있다.

a play with no humor in it
유머가 전혀 없는 연극

humorous 유머가 있는, 익살스러운
humorist 익살꾼

hush

동 조용해지다, 가라앉히다 명 침묵, 고요함

to be silent and calm

The wind has **hushed**.
바람은 조용해졌다.

hush a person's fears 공포를 진정시키다

I/i

ideal

형 더할 나위 없는 명 이상

perfect ; high or perfect standards

He is a man of **ideals**.
그는 이상에 불타는 인물이다.

an ideal job for him 그에게 알맞은 일
the ideal and the real 이상과 현실
idealist 이상주의자

ignorant

형 **무식한, 모르는, 알지 못하는**

lacking knowledge ; rude, impolite

He is **ignorant** in the physical sciences.
그는 자연 과학에 관해서는 문외한이다.

He is **ignorant** of the reason for their quarrel.
그는 그들의 싸움의 원인에 관해서는 모른다.

I am entirely **ignorant** about these things.
나는 이것들에 관해서 전혀 모른다.

image

명 **영상, 꼭 닮은 사람, 흡사한 것**

a picture, esp. in the mind ; a copy

a mirror **image**
거울에 비친 상

He is the very **image** of his father.
그는 자기 아버지를 꼭 닮았다.

immense

형 **막대한, 매우 큰**

very large

He has **immense** responsibility in his job.
그는 직무상 커다란 책임을 지고 있다.

He's just a **immense** guy.
그는 대단한 놈이다.

immortal

형 **불멸의, 불후의**

that will not die ; that continues for ever

The human soul may be **immortal**.
인간의 영혼은 불멸일지도 모른다.

War is an **immortal** problem.
전쟁은 영구적인 문제이다.

import

동 수입하다, 의미하다

to bring in something, esp. from abroad

import wheat from Canada
캐나다로부터 밀을 수입하다

What does this question **import**?
이 질문은 무엇을 뜻하는가?

impose

동 강요하다, 부과하다

to take unfair advantage, in a way that causes additional work and trouble

He **imposed** his opinion on others.
그는 자기 의견을 남에게 강요했다.

He **imposed** a fine on you.
그가 너에게 벌금을 부과했다.

impress

동 감동시키다, 인상 지우다

to fill with admiration ; to make the importance of clear to

I was deeply **impressed** by his words.
나는 그의 말에 깊은 감명을 받았다.

I was very **impressed** by their new house.
나는 그들의 새 집에 몹시 감탄했다.

impression 인상

impulse

명 (물리적인) 충격, 자극, (…하고 싶다는) 충동

a sudden with to do something

He felt an **impulse** to take her hands.
그는 그녀의 손을 잡고 싶다는 충동을 느꼈다.

an electrical impulse
전기 충격

incident

명 사건, 일어난 일 형 일어나는

an event, esp. one in a story

These diseases are **incident** to childhood.
이런 병들은 어린이들이 걸리기 쉽다.

an everyday incident 일상적인 사건
incidental 부수적인

incite

동 자극하다, 남이 …을 하게 부추기다

to try to cause or encourage someone to a strong feeling or action

The speaker **incited** the workers to strike.
연사는 근로자들을 자극하여 파업을 일으키게 했다.

She **incited** the employees to work hard.
그녀는 근로자들을 격려하여 열심히 일하게 했다.

incline

동 기울이다, …하고 싶어지게 하다

to cause to move downward ; to encourage or cause to feel, think, etc.

I am **inclined** to think she is telling the truth.
그녀가 진실을 말하고 있다고 생각하고 싶다.

She **inclined** her head.
그녀는 머리를 숙였다.

inclination 기호, 성향

income

명 수입, 소득

money which one receives regularly, usu. payment for one's work, or interest from investments)

I live within my **income**.
나는 수입 내에서 생활한다.

low income
저소득

independent

형 남의 도움을 받지 않는, 독립된

not needing other things or people ; not governed by another country

He is **independent** of his parents.
그는 그의 부모님으로부터 독립해 있다.

The colonies became **independent** of the mother country.
식민지는 본국으로부터 독립했다.

indicate

동 가리키다, 표시하다

to point at ; draw attention to

The map **indicates** where the ship was sunk.
배가 침몰한 곳이 지도에 표시되어 있다.

His silence **indicates** disapproval.
그의 침묵은 불찬성의 표시이다.

individual

명 개인 형 개성적인

a single being or member of a group, treated separately

Each person had an **individual** locker.
각자 전용 로커가 있었다.

an individual room
각자의 방, 독방

industry

명 근면, 공업

continual hard work ; factories and large organizations generally

The success is the result of **industry**.
성공은 근면의 결과이다.

heavy industry 중공업
industrial waste pollution 산업 폐기물 오염
industrial 산업의
industrious 근면한

A/O

B/P

C/Q

D/R

E/S

F/T

G/U

H/V

I/W

J/X

K/Y

L/Z

M

N

infant

명 **유아** 형 **초기의**

a very young child

during the infant years
유년기에, 어릴 때에

an infant science
초기 단계에 있는 과학

He would often cry during his **infant** years.
그는 어릴 때에 자주 울곤 했다.

infancy 유년시절

infinite

형 **무한한, 무수한**

without limits or end

an infinite number of insects
무수한 곤충

God's infinite mercy
신의 무한한 은혜

injure

동 **다치게 하다, 해치다, 손해를 끼치다**

to hurt a living thing

I **injured** my leg.
나는 다리를 다쳤다.

Smoking **injures** our health.
흡연은 건강을 해친다.

Don't **injure** yourself with that knife.
그 칼에 다치지 않도록 해라.

injury 명 상해, 상처

innocent

형 순진한, 결백한, 무해한

guiltless ; harmless

He is **innocent** of the crime. 그는 죄를 저지르지 않았다.
She slept the **innocent** sleep of a child.
그녀는 어린 아이처럼 천진난만하게 잤다.

innocence 명 결백, 무죄

inquire

동 묻다, 조사하다

to ask ; to ask for information

I **inquired** my way from[of] a policeman.
나는 경찰관에게 길을 물었다.

He **inquired** when the movie would begin.
그는 영화가 언제 시작되는지 물었다.

I will **inquire** how to get there.
그곳에 어떻게 가는지 물어보겠다.

insect

명 곤충, 벌레

I collect **insects**.
나는 곤충을 수집한다.

insist

동 주장하다, 우기다

to declare firmly when apposed

She **insisted** on her husband paying the check.
그녀는 꼭 자기 남편이 계산을 치러야 한다고 막무가내로 우겼다.

He **insisted** on Mary being invited to the party.
그는 메리를 파티에 초대해야 한다고 고집했다.

I'll do it just one more time, if you **insist**.
정 그러시다면 딱 한번만 더 하겠습니다.

instruct

동 **가르치다, 명령하다**

to give knowledge or information to ; to give orders to

He **instructed** his son on the installment of the TV set.
그는 자기 아들에게 텔레비전 수상기 설치법을 알려 주었다.

I've been **instructed** to wait here until the teacher arrives.
선생님이 도착하실 때까지 여기서 기다리도록 지시를 받았다.

instructive 유익한
instruction 지도, 가르침

instrument

명 **기계, 악기, 수단**

to object used to help in work ; an object which is played to give musical sounds

Which **instrument** can you play?
어떤 악기를 연주할 줄 아니?

interior

형 **내부의, 안쪽의** 명 **내부**

inside, indoors, or farthest from the edge or outside

interior repairs 내부수리
the interior of a house 집의 내부
I traveled in the distant **interior** of Mongolia.
나는 몽골의 오지를 여행했다.

interrupt

동 **중단시키다, 방해하다, 가로막다**

to break the flow of speech of someone by saying something

She **interrupted** his speech.
그녀는 그의 이야기를 중단시켰다.

Don't **interrupt** me.
날 방해하지 마.

intimate

형 **친밀한, 사사로운, 정통한, 상세한**

personal ; private ; detailed

an intimate friend
절친한 친구

one's intimate affairs
사사로운 일

an intimate knowledge of the city
도시에 정통한 지식

Who is your **intimate** friend?
누가 너의 친한 친구니?

introduce

동 **소개하다, 끄집어내다, 시작하다**

to make known by name for the first time to each other or someone else

May I **introduce** my friend to you?
나의 친구를 소개해 줄까요?

introduce A to B
B에게 A를 소개하다

He **introduced** himself as professor Smith.
그는 자기를 스미스 교수라고 소개했다.

Allow me to **introduce** myself.
제 소개를 하겠습니다.

involve

동 **말려 들어가다, …에 관련시키다, 수반하다**

to cause someone to become connected or concerned

The manager's mistakes **involved** the company in a lot of trouble.
경영자의 실수로 그 회사는 많은 어려움을 안게 되었다.

He got **involved** in the dispute.
그는 그 논쟁에 말려들었다.

ivory

명 상아(제품) 형 상아의, 상아로 만든

a hard white substance, of which elephants' tusks are made

an ivory doll 상아로 만든 인형
ivory tower 상아탑
She has an **ivory** skin.
그녀는 상아빛 피부다.

J/j

jealous

명 시샘하는, 질투심이 많은

wanting to get what someone else has ; envious

He is **jealous** of his friend's success.
그는 친구의 성공을 시샘하고 있다.

She is a **jealous** wife.
그녀는 질투심이 많은 아내이다.

I the Lord the God is a **jealous** God.
나 여호와 너의 하나님은 질투하는 하나님이니라. (출애굽기)

jealousy 명 질투

jest

동 농담을 하다, 놀리다 명 농담

to speak without serious intention ; joke

She always **jests** about her feeling towards him.
그녀는 그에게 자기의 감정을 항상 농담 식으로 말한다.

a jesting person 농담을 좋아하는 사람

joint

명 (관절과 관절 사이의) 마디　형 공동의

a place where things esp. bones join

He put his arm out of **joint**.
그는 팔의 관절이 빠졌다.

a joint statement
공동성명

K/k

keen

형 예리한, 열심인, 격렬한

sharp ; with a fine cutting edge

a keen knife　잘 드는 나이프
He is very **keen** in his business.
그는 장사에 빈틈이 없다.

I'm not **keen** on sports.
나는 스포츠를 좋아하지 않는다.

kick

동 차다, 걷어차다　명 흥분, 즐거움

to hit with the foot ; a strong feeling of excitement

kick a ball over the goalpost
공을 골로 차 넣다

kick a mule into motion
당나귀를 걷어차서 움직이게 하다

She drives fast for **kicks**.
그녀는 스릴을 느끼기 위해 빨리 운전한다.

kindle

동 ···에 불을 붙이다, 일어나게 하다

to start to burn

The story **kindled** her anger.
그 이야기를 듣고 그녀는 분노를 터뜨렸다.

kindle a fire
불을 붙이다

knit

동 (바늘로) 짜다, 뜨개질하다

to make by uniting threads into a close network by means of long needles

Mother sat **knitting** by the fire.
어머니는 난로 옆에서 뜨개질을 하시면서 앉아 계셨다.

knit socks from wool
털실로 양말을 뜨다

L/l

lame

형 불구의, 절름발이의

not able to walk properly as a result of some weakness in a leg or foot

A broken watch is a **lame** excuse for being late.
시계가 고장이 나서 지각했다는 것은 변명이 안 된다.

He was **lame** in the left leg.
그는 왼쪽 다리를 전다.

lane

명 좁은 길, 좁은 통로

a narrow, often winding, road, esp. in the country

It is a long **lane** that has no turnings.
기다리면 반드시 기회가 온다.

The house is up the blind **lane**.
그 집은 막다른 골목에 있다.

lap

동 날름날름 핥다 **명** 무릎

to drink by taking up with quick movements of the tongue

The dog **lapped** up the water.
개가 물을 홀짝홀짝 소리 내서 마셨다.

a cat sleeping in one's lap
…의 무릎 위에서 잠자고 있는 고양이

league

명 동맹, 연맹 **동** 동맹을 맺다

a group or people, countries, etc., who have joined together to work for some aim

a football league
축구연맹

We four were **leagued** together.
우리 넷은 동맹을 맺고 있다.

lean

동 기대다, 경사지다 **형** 빈약한

to be in a position that is not upright ; slope

The table **leans** to the left.
탁자가 왼쪽으로 기울었다.

I rather **lean** to your view.
대체로 네 의견에 찬성이다.

The old man is **leaning** on his stick.
그 노인은 지팡이에 의지한다.

liberty

명 **자유, 출입의 자유**

personal or political freedom from outside control

liberty of conscience 종교의 자유
He was given the **liberty** of the house.
그는 그 집에 마음대로 드나들고 있었다.

the Statue of Liberty 자유의 여신상

limb

손발, 수족, 날개

a leg, arm, or wing of an animal

He escaped the accident with life and **limb**.
그는 다친 곳 하나 없이 몸 성히 빠져나왔다.

escape with life and limb
다친 데 없이 빠져나오다

limit

명 **한계점** 동 **제한하다**

the farthest point or edge of something

There is no **limit** to human progress.
인간의 진보에는 끝이 없다.

He **limited** himself to ten cigarettes a day.
그는 담배를 하루 10개비로 제한했다.

linger

동 **잔존하다, 꾸물거리다, 질질 끌다**

to wait for a time instead of going ; delay going

Students **lingered** around the coffee shop.
학생들은 그 커피숍에서 떠나지 못하고 꾸물거렸다.

Her voice still **lingers** on my ears.
그녀의 목소리는 지금도 귓전에서 사라지지 않는다.

A/O
B/P
C/Q
D/R
E/S
F/T
G/U
H/V
I/W
J/X
K/Y
L/Z
M
N

link

동 연결하다, 잇다 **명** 연관, 고리

to join or connect ; one ring of a chain

The road **links** all the new towns.
길이 모든 신흥 도시와 연결되어 있다.
The photograph is our only **link** to the criminal.
이 사진이 이번 범죄의 유일한 단서다.

liquid

명 액체, 유동체 **형** 액체의, 액상의, 유동성의

substance not solid or gas, which flows and has no fixed shape

liquid fuel 액체 연료
liquid oxygen 액체 산소
He has too much **liquid** assets.
그는 엄청난 유동 자산이 있다.

local

형 어떤 고장의, 공간의, 장소의

of or in a certain place, esp. the place one lives in

a local name 지명
localities of heavy snowfall 눈이 많이 내리는 지방
What is the **local** sense of 'in' in the sentence?
이 문장에서 'in'의 장소적 의미는 무엇인가?

lofty

형 아주 높은, 고결한

of unusually high quality of thinking, feeling, etc.

a lofty mountain
아주 높은 산

lofty ideals
고결한 이상

It is so exciting to climb a **lofty** peak in the Alps.
알프스 산맥의 고봉을 등반하는 일은 아주 흥미롭다.

lonely

형 외톨이의, 외로운

alone and unhappy ; away from other people

I feel **lonely**.
나는 외롭다.

He is a **lonely** old man.
그는 의지할 데 없는 노인이다.

long

동 갈망하다, 그리워하다

to want very much

He **longs** for her arrival.
그는 그녀의 도착을 애타게 기다린다.

I'm **longing** for him to come home.
나는 그가 집에 오기를 간절히 고대하고 있다.

loyal

형 충성스런, 충실한

true to one's friends, group, country, etc. ; faithful

a **loyal** supporter
충실한 지지자

He has remained **loyal** to the team even though they lost every game. 그들은 모든 게임에서 졌지만 그는 그 팀에 성의를 다했다.

lure

명 매력 동 유혹하다

something that attracts ; to attract

the **lure** of the sea
바다의 매력

The sea **lured** him away from home.
그는 바다에 반해 집을 떠났다.

luxury

명 사치, 호사

great comfort, as provided by wealth

He lives in **luxury**.
그는 사치스럽게 지낸다.

luxurious 사치스러운, 호사스러운
luxuriant 번성한, 화려한, 지나치게 꾸민

M/m

machine

명 기계, 기구

a man-made instrument or apparatus which uses power to perform work

He knows how to handle a **machine**.
그는 기계 조작하는 법을 알고 있다.

a sewing machine
재봉틀

magnificent

형 격조 높은, 숭고한

great, grand, etc.

a magnificent human being
숭고한 인간

It is a **magnificent** day.
아주 기막히게 좋은 날씨다.

A/O

B/P

C/Q

D/R

E/S

F/T

G/U

H/V

I/W

J/X

K/Y

L/Z

M

N

maintain

동 유지하다, 주장하다

to keep in good condition ; to argue for an opinion

We must **maintain** peace and order.
우리는 평화와 질서를 유지해야 한다.

maintain one's innocence
결백을 주장하다

manufacture

동 생산하다, 조립하다 **명** 제품

to make or produce by machinery, esp. in large quantities

a thing of foreign manufacture 외래 제품
manufacture cars 자동차를 생산하다
He **manufactured** leather into his shoes.
그는 가죽으로 그의 신발을 만들었다.

march

동 행진하다, 빨리 지나가다 **명** 행진, 행군

to walk with a regular, esp. forceful, step like a soldier ; the act of marching

The soldiers **marched** along the road.
군인들이 길을 따라 행군했다.

Time **marches** on.
시간이 빨리 지나간다.

mass

명 덩어리 **형** 민중의

a solid lump, quantity, or heap, or large number ; of or for a great number of people

the great mass of imports
대부분의 수입품

mass education
국민교육

He made a **mass** of errors.
그는 숱하게 많은 실수를 했다.

mean

동 의미하다 **형** 인색한, 초라한

to represent a meaning ; ungenerous

What do you **mean**?
무슨 뜻으로 한 말이니?

What does that word **mean** here?
그 낱말은 여기서는 어떤 뜻입니까?

I don't **mean** that she is a liar.
그녀가 거짓말쟁이라는 의미는 아니다.

It's **mean** of you to do that.
그런 짓을 하다니 넌 야비하다.

How **mean** of you. 너는 정말 비열하구나.

measure

명 치수, 비율, 분량 **동** 재서 …이 되다, 평가하다

a system for calculating amount, size, weight, etc.

The room **measures** ten feet across.
그 방은 폭이 10피트이다.

take the measure of a room 방의 치수를 재다

medicine

명 약, 의업

a substance used for treating disease, usu. taken by mouth

There is no **medicine** for curing a fool.
바보를 치료할 약은 없다.

mend

동 고치다, 개선하다, 호전시키다

to repair a hole, break, fault, etc. in something

I had my watch **mended**.
나는 시계를 수선시켰다.

They **mended** the road.
그들은 그 도로를 개선했다.

mention

동 …에 관해 말하다, 언급하다

to tell about in a few words. spoken or written

It is not worth **mentioning**.
그것은 언급할 가치가 없다.

Don't **mention** it.
천만의 말씀.

mercy

명 자비, 연민

willingness to forgive, no to punish

I spared him out of **mercy**.
나는 그를 가엾이 여겨 용서해 주었다.

military

형 군대의 명 군, 군대

of, for, by, or connected with soldiers, armies, or war fought by armies

military service
병역

combined naval and military operations
육군과 해군의 합동작전

He was a member of a **military** band.
그는 군악대 멤버였다.

minister

명 장관, 대신

a politician who is a member of the government and is in charge of a particular government department

He is the Prime **Minister**.
그는 국무총리이다.

misfortune

명 불행, 불운, 재난

bad luck, often of a serious nature

Misfortunes never come single.
불행은 겹쳐서 오게 마련이다.

miss

동 빠뜨리다, 놓치다, 그리워하다

to fail to hit, catch, find, meet, see, hear, add, etc. ; to feel sorry or unhappy at the absence or loss of

I **missed** her in the busy station.
역이 혼잡해서 (거기서 만나기로 했던) 그녀를 만나지 못했다.

The actor **missed** a line.
그 배우는 대사 한 마디를 빼먹었다.

I'll **miss** you when you are gone.
네가 가버린다면 보고 싶을 거야.

mist

명 안개, 흐림

clouds of very small drops of water floating in the air, near or reaching to the ground

The thick **mist** has cleared off.
짙은 안개가 걷혔다.

misty 안개가 낀, 안개가 자욱한

mistress

명 지배권을 가진 여성, 여주인

a woman who is in control of a family, school, etc.

She is her own **mistress**.
그녀는 자유로운 몸이다.

the Mistress of the World
세계의 여왕

moral

형 **도덕의, 도덕적인**

concerning or based on the difference between right and wrong or good and evil

a man of high moral standards
도덕 수준이 높은 사람

My grandfather was a very moral man.
나의 할아버지는 아주 도덕적인 사람이었다.

morality 덕행, 품행, 행실
immoral 비도덕적인
amoral 초 도덕적인

mortal

형 **죽게 마련인** 명 **죽을 운명의 사람, 놈**

that must die ; a human being

All men are mortal.
사람은 모두 죽게 되어 있다.

motive

명 **동기, 유인** 형 **운동을 일으키는, 원동력이 되는**

a cause of or reason for action

What was his motive for setting the house on fire?
그가 그 집에 방화한 동기가 무엇이었는가?

mourn

동 **애도하다, 슬퍼하다**

to feel and / or show grief, esp. for the death of someone

He was mourning for his dead father.
그는 부친상을 당해 슬퍼하고 있다.

mourn for the dead
죽은 사람을 애도하다

N/n

naked

형 **벌거벗은, 육안으로**

not covered by clothes

as naked as my mother bore me
태어난 그대로의 벌거벗은 몸

Bacteria are too small to see with the **naked** eye.
박테리아는 너무 작아서 육안으로 볼 수 없다.

native

형 **태어난, 타고난, 모국어인** 명 **원주민**

belonging to of being the place of one's birth ; someone who was born in a place

one's native town
태어난 도시

a native speaker of English
영어를 모국어로 말하는 사람

Tobacco is **native** to the American continent.
담배는 아메리카 대륙이 원산지이다.

the natives of Africa
아프리카 원주민

navy

명 **해군, 전함**

the organization, including ships, people, buildings, etc., which makes up the power of a country for war at sea

the British Navy
영국 해군

a small navy of ten ships 10척의 소함정
navigation 항해, 비행
navigate 비행하다, 항해하다

neglect

동 얕보다, 소홀히 하다, 무시하다

to give too little attention or care to

Don't **neglect** your duties.
네 의무를 게을리 하지 마라.

neglect the law
법을 무시하다

neglectful 소홀한, 부주의한, 무관심한
negligent 부주의한, 태만한, 등한한

nerve

동 남을 격려하다, 용기를 북돋우다 **명** 신경, 건방짐

to give courage to

I made up my mind I'd get the **nerve** up to invite her to a movie.
나는 용기를 내서 그녀를 영화에 초대하기로 작정했다.

She is all **nerves**.
그녀는 신경과민이다.

You have a **nerve**!
넌 건방져!

What a **nerve**! = Of all the **nerve**!
버르장머리 없군!

nervous 걱정되는, 겁 많은

note

명 메모 **동** 적다, 주목하다

a record or reminder in writing ; to pay attention to and remember

I made a **note** of his speech.
나는 그의 연설을 적었다.

Please **note** my words.
제 말을 잘 들으세요.

notable 주목할 만한, 저명한, 중요한

notice

동 알아차리다 명 주의, 주목

to be aware of, esp. by seeing

Her new hat caught my **notice**.
그녀의 새 모자가 나의 주목을 받았다.

This problem was brought to my **notice**.
이 문제가 내 눈길을 끌었다.

O/o

obey

동 …에 따르다, 응하다

to do what one is asked or ordered to do by someone

I've gotten this old car to **obey** me.
나는 헌 차를 내 마음대로 움직이게 했다.

Animals **obey** their instincts.
동물은 본능대로 행동한다.

obedient 얌전한, 유순한, 순종하는
obedience 순종

object

동 반대하다, 싫어하다

to be against ; feel dislike

I **object** to your going alone.
나는 네가 혼자 가는 것에 반대한다.

Do you **object** to smoking?
제가 담배를 피워도 될까요?

object 물건, 목적

offer

동 권하다, …하려하다 **명** 제의, 제안

to hold out for acceptance or refusal

He **offered** me a chocolate.
그는 나에게 초콜릿을 권했다.

He **offered** his help to us. 그는 우리에게 원조를 제공했다.

The position was **offered** to him. 그 자리는 그에게 돌아갔다.

omit

동 생략하다, 빠뜨리다

to leave out ; not include, by mistake or on purpose

omit a sentence from a paragraph
한 단락에서 문장 하나를 빠뜨리다

She **omitted** to say goodbye.
그녀는 작별인사 하는 것을 깜빡 잊었다.

omission 생략, 빠져 있음

order

명 순서, 차례, 주문 **동** 주문하다, 명령하다

the special way in which things are arranged in connection with each other

The words in a dictionary are shown in alphabetical **order**.
사전에 실린 낱말들은 알파벳 순서로 되어 있다.

I **ordered** that the gate should be locked.
나는 문을 잠그라고 명령했다.

owe

동 …에게 빚지고 있다, 은혜를 입다

to have to pay

How much do I **owe** you for the book?
그 책값으로 얼마 드리면 되지요?

I **owe** $10 to my friend. 친구에게 10달러의 빚이 있다.

I. O. U = I owe you.
(1) 당신에게 빚지고 있다. (2) 모든 게 당신 덕분이다.

A/O
B/P
C/Q
D/R
E/S
F/T
G/U
H/V
I/W
J/X
K/Y
L/Z
M
N

own

동 소유하다, 고백하다 **형** 자기 자신의

to possess, esp. by lawful right ; to admit a fault or crime

Who **owns** this house?
누가 이 집을 소유하고 있니?

He **owned** his guilt.
그는 죄를 고백했다.

P·Q

pacific

형 평화적인, 태평양 연안의

the pacific nations
태평양 연안의 여러 국가

the pacific relation of the two countries
두 나라 사이의 평화로운 관계

Which is bigger, **Pacific** Ocean or Atlantic Ocean?
태평양과 대서양 중에서 어느 것이 더 큽니까?

pacify 진정시키다, 가라앉히다

palm

명 손바닥, 승리

the inner surface of the hand between the base of the fingers and the wrist

I know you like the **palm** of my hand.
나는 너를 속속들이 알고 있다.

She won the **palm**. 그녀는 승리했다.

pant

동 숨이 차다, 열망하다

to take quick short breaths, or say in this way, esp. after great effort or in great heat

pant for breath 숨을 헐떡이다
The people **panted** after freedom.
사람들은 자유를 갈망했다.

parade

명 행진, 행렬, 과시 동 행렬, 행진하다

a gathering together for the purpose of being officially looked at, or for a march or ceremony

march in parade
줄을 지어 행진하다

make a parade of one's knowledge 지식을 과시하다
The military police is marching in **parade**.
헌병들이 줄을 지어 행진하고 있다.

paradise

명 낙원, 천국, 이상향

heaven ; a place of perfect happiness

The woods are **paradise** in spring.
숲은 봄이면 낙원이다.

This hotel is a sports man's **paradise**.
이 호텔은 운동가의 천국이다.

parallel

동 …에 필적하다 형 비슷한, 필적할 만한 명 평행

to equal; comparable

run in parallel with
…와 평행으로 달리다

His prudence is **parallel** to his zeal.
그의 신중함은 그의 열성에 못지않다.

parcel

명 소포, 꾸러미 형 부분적인

a package

wrap up a parcel
소포를 꾸리다

He is a **parcel** poet.
그는 시인 같은 데가 있다.

pardon

명 용서, 관용 동 용서하다, 사면하다

I beg your **pardon**.
죄송합니다. 다시 한 번 말씀해 주세요.

The king **pardoned** the prisoner his life.
국왕은 그 죄수를 살려 주었다.

partial

형 부분적인, 편애하는

not complete ; favoring one person, side, etc., more than another, esp. in a way that is unfair

He is **partial** to his eldest son.
그는 장남을 특히 좋아한다.

partiality 특히 좋아함

particular

형 특유의, 다름 아닌 명 항목, 상세한 사항

single and different from others

He is **particular** about clothes.
그는 옷에 대해 까다롭다.

He was absent on that **particular** day.
그는 바로 그 날에 결석했다.

He went into **particulars**.
그는 상세한 것까지 파고들었다.

passion

명 **열정**

strong, deep, often uncontrollable feeling esp. of love, hatred, or anger

Music was a **passion** with him.
그는 음악을 아주 좋아했다.

Their relationship is filled with **passion**.
그들의 관계는 강한 애정으로 맺어져 있다.

passionate 열렬한, 열정적인

pat

동 **가볍게 토닥거리다** **명** **가볍게 쓰다듬기, 작은 덩어리**

to touch gently and repeatedly, esp. with the flat hand

Someone **patted** me on the back.
누군가가 내 등을 가볍게 두드렸다.

She gave the dog a **pat** as she walked past.
그녀는 지나가면서 개를 쓰다듬었다.

patch

명 **헝겊조각, 깁는 헝겊** **동** **조각을 대다, 수습하다**

a piece of material used to cover a hole or a damaged place

to patch up an old coat
낡은 코트에 헝겊 조각을 대어 기우다

patch things up for the moment
사태를 일시적으로 수습하다

It's a **patched**-up story. 그건 꾸며낸 이야기다.

patronage

명 **후원, 지지, 단골손님**

the support given by a patron

have a large patronage
단골손님이 많다

The restaurant has a lot of regular **patronage**.
그 식당은 많은 단골손님이 있다.

pause

명 중단 동 중지하다, 멈추어서다

a short but noticeable break in activity or speech ; a stop for a short time before continuing

a pause in the speech
이야기의 중단

I interjected a comment at a **pause** in his speech.
그의 이야기가 중단되었을 때 나는 한마디의 코멘트를 했다.

peak

명 절정, 최고조, 최고기록

the highest point or level of a varying amount, rate, etc.

the peak of the storm
최고조의 폭풍우

It was at a new **peak**.
그것은 신기록이 되었다.

peal

명 오래 끌며 울리는 소리 동 울려 퍼지다

a loud long sound or number of sounds one after the other

a peal of thunder
천둥의 요란한 소리

He broke into **peals** of laughter behind me.
그는 내 뒤에서 웃음을 터뜨렸다.

peck

동 뚫다, 쪼아 파다

to strike with the beak

The birds **peck** a hold in a tree.
그 새들이 나무에 구멍을 뚫는다.

That bird tried to **peck** me.
저 새가 나를 쪼려고 했어.

peculiar

형 **독특한, 특유의**

strange ; unusual

a style peculiar to Hemingway
헤밍웨이의 독특한 문체

He affects **peculiarity** in dress.
그는 이상한 옷차림을 좋아한다.

peer

명 **동료, 지위가 동등한 사람**
동 **뚫어지게 보다, 보이기 시작하다**

to equal in rank, age, quality, etc.

He was criticized by his **peers**.
그는 자기 동료들로부터 비난받았다.

He has no **peers** when it comes to debate.
토론이라면 그를 당할 사람이 없다.

The moon began to **peer** from behind the clouds.
달이 구름 사이에서 나타나기 시작했다.

perceive

동 **알아채다, 이해하다**

to have or come to have knowledge of through one of the senses or through the mind

Although it was dark, I **perceived** someone coming in.
어두웠지만 나는 누군가가 들어오는 것을 알아챘다.

I could not **perceive** what he meant.
나는 그가 말하고자 하는 바를 이해할 수 없었다.

perceptible 지각할 수 있는, 알아챌 만한
perception 지각, 이해

A/O

B/P

C/Q

D/R

E/S

F/T

G/U

H/V

I/W

J/X

K/Y

L/Z

M

N

perform

동 수행하다, 연주하다

carry out ; to give, act or show esp. before the public

He **performed** his duty.
그는 자기의 의무를 다했다.

The doctor **performed** an operation.
그 의사가 수술을 했다.

performance 상연, 공연
performer 실행자, 수행자

perfume

명 향기, 좋은 냄새 **동** 향기롭게 하다

a sweet or pleasant smell, as of flowers ; to fill with perfume

the rich perfume of
⋯이 강한 향기

a room perfumed with roses
장미꽃 향기가 가득한 방

Your **perfumes** smell good.
당신의 향수는 냄새가 좋군요.

period

명 시기, 기간, 주기

a stretch of time with a beginning and an end, but not always of measured length

the happiest period of one's life
생애 중의 가장 행복한 시기

I lived in London for a **period** of five years.
나는 5년간 런던에서 살았다.

periodic **형** 주기적인, 정기적인
periodical **형** 정기 간행의, **명** 정기 간행물

perish

동 죽다, 멸망하다

to die, esp. in a terrible or sudden way ; be completely destroyed

He **perished** from thirst. 그는 목말라 죽었다.
The city **perished** in earthquake. 도시가 지진으로 사라졌다.

permanent

형 영구적인, 항구적인, 영속하는

lasting or intended to last for a long time or forever

permanent peace 항구 평화
a permanent resident
영주권 취득자; 장기 체류자
What's your **permanent** address?
본적이 어디입니까?
permanence 영구불변, 영속

permit

동 허락하다, 허가하다

to allow

Permit me to ask you a question.
제가 질문하는 것을 허용해 주십시오.
His words **permit** no doubt.
그의 말에는 의심의 여지가 없다.

persuade

동 설득하다, 설득시켜 … 하게 하다, 믿게 하다

to cause to do something by reasoning, arguing, begging, etc.

I **persuaded** him to go(into going) to the party.
그를 설득하여 파티에 가게 했다.
The car was finally **persuaded** to start.
자동차는 가까스로 시동이 걸렸다.

pervade

동 충만하다, (영향, 세력이) 미치다

to spread through every part of

Corruption **pervades** the city.
부정부패가 시 전체에 만연되어 있다.

A curious happiness **pervaded** his entire being.
그는 형언할 수 없는 행복감으로 충만해 있었다.

pest

명 귀찮은 사람, 해로운 인물

an annoying person or thing

He is a **pest** of the neighborhood.
그는 이웃의 골칫덩어리다.

pet

명 반려동물, 소중한 것

an animal kept in the home as a companion

She keeps a monkey as a **pet**.
그녀는 반려동물로 원숭이를 기른다.

She is the teacher's **pet**.
그녀는 선생님의 귀염둥이다.

phase

명 국면, 단계, 상

a stage of development

The war entered on its new **phase**.
전쟁은 새로운 국면에 접어들었다.

the various phases of one's character
성격의 다양한 면

pity

명 동정, 유감스러운 일

sensitiveness to and sorrow for the suffering or unhappiness of others

feel pity for a person
···을 측은하게 여기다

What a **pity** that you can't come!
네가 올 수 없다니 참으로 유감이구나!

plenty

형 많은, 충분한

as much or as many as one needs

There was **plenty** of money. 돈이 많았다.
That will be **plenty**.
그것이면 충분할 것이다.
We need **plenty** of space. 넓은 공간이 필요하다.

pluck

동 깃털을 쥐어뜯다, 뜯어내다

to pull the feathers off ; to pull sharply

Don't **pluck** flowers.
꽃을 꺾지 마라.

She tried to **pluck** out some of her gray hairs.
그녀는 몇 가닥의 흰 머리카락을 뽑으려 했다.

plunge

동 갑자기 앞으로 쏠리게 하다, 고꾸라지다

to move or be thrown suddenly forwards and downwards

The car stopped suddenly and he **plunged** forward.
차가 갑자기 멈추는 바람에 그는 앞으로 고꾸라졌다.

He **plunged** into the water.
그는 물에 뛰어들었다.

poison

명 독, 극약　동 독살하다, 독으로 해치다

substance that harms or kills if a living animal or plant takes it in

One man's meat is another man's **poison**.
한 사람에게 약이 되는 것이 다른 사람에게는 독이 되기도 한다.

The cattle were **poisoned**.
소는 독살되었다.

poisonous 독이 있는, 유독한

pole

명 극, 극지, 장대

the most northern and southern points on the surface of the earth

the North pole　북극
polar expedition　극지 탐험
telephone poles beside the railroad line　철로 곁의 전신주
At the North **Poles** there is only snow, ice and water.
북극에는 눈, 얼음, 그리고 물 밖에는 아무 것도 없다.

polite

형 정중한, 예의바른

having or showing good manners, consideration for others, and correct social behavior

He is very **polite** and kind.
그는 매우 예의바르고 친절하다.

He is very **polite** to the old.
그는 나이든 사람들에게 정중히 행동한다.

political

형 정치적인, 정치에 관한

of or concerning politics and government

political theory
정치학 이론

I have no interest in **political** situations.
나는 정치 상황에는 관심이 없다.

population

명 인구, 주민 수

the number of people living in a particular area, county, etc.

What is the **population** of Seoul?
서울의 인구는 얼마입니까?

The **population** in these villages has to get its water from wells.
이 마을들의 주민들은 우물에서 식수를 구해야 한다.

possible

형 가능한, 있을 수 있는

that can exist, happen, or be done

It is **possible** (for us) to swim across the river.
그 강이라면 (우리도) 헤엄쳐 건널 수 있다.

It is **possible** that he is still alive.
그가 아직 살아 있다는 것은 있을 법하다.

pour

동 붓다, 흐르다, 쏟아지다

to flow steadily and rapidly ; to rain hard and steadily

She **poured** me a cup of tea.
그녀는 내게 차를 한 잔 따라 주었다.

The rain **poured** down.
비가 억수같이 퍼부었다.

practice

명 연습, 익힘 동 연습하다, 개업하다

repeated performance or exercise in order to gain skill in an activity

Practice makes perfect.
연습하면 완벽해진다.

She is **practicing** on the piano.
그녀는 피아노 연습을 하고 있다.

precious

형 **귀중한, 값비싼** 부 **굉장히**

of great value ; very

Nothing is more **precious** than time.
시간보다 더 귀중한 것은 없다.

a precious jewel 귀금속

prefer

동 **…을 더 좋아하다, 택하다**

to choose rather than another ; like better

I **prefer** dogs to cats.
나는 고양이보다 개를 더 좋아한다.

prefer A to B
B보다 A를 더 좋아하다

I would **prefer** to speak to you in private.
자네와 단둘이 이야기하고 싶은데.

preferable 형 …보다 나은, 보다 바람직한
preference 명 선호, 선택

preserve

동 **보존하다, 보호하다**

to keep alive, safe from destruction, etc.

We have to **preserve** our environment. 우리는 환경을 보호해야 한다.
He has always **preserved** his innocence.
그는 언제나 순수함을 잃지 않고 있다.

prevent

동 **예방하다, 방해하다**

to keep something from happening or stop someone from doing something

The snow **prevented** him going out.
그는 눈 때문에 외출하지 못했다.

This medicine **prevents** vomiting. 이 약은 구토증을 막아 준다.
prevention 예방, 방지

prey

명 먹이, 포로 동 포식하다, 잡아먹다, 괴롭히다

an animal that is hunted and eaten by another animal ; to trouble greatly

A tiger is a beast of prey.
호랑이는 육식동물이다.

Spiders prey on flies.
거미는 파리는 잡아먹는다.

The rumor preyed on his mind. 소문이 그의 마음을 괴롭혔다.

pride

명 자만, 자랑 동 자랑하다

satisfaction and pleasure in what one can do or has done, or in someone or something connected with oneself

He takes pride in his work.
그는 자기의 일을 자랑한다.

He prides himself on being rich.
그는 부자임을 자랑한다.

principal

형 주된, 주요한 명 교장

chief ; most important ; the head of some universities, colleges, and schools

the principal reason 주된 이유
the principal of a high school 고등학교의 교장
Rice is the principal food in Korea.
쌀이 한국에서는 주식이다.

principle

명 원리, 원칙, 지조, 주의

a general truth or belief that is used as a base for reasoning or action

the principles of democracy
민주주의 원리

I refuse on principle.
나는 신념에 따라 거절한다.

private

형 사적인, 사립의, 비공개의

intended only for oneself or a chosen group ; not shared with everyone in general

This is just my **private** affairs.
이 일은 단지 나의 사적인 일입니다.

a private university 사립대학

probable

형 확실한 듯한, 가망이 있는

that has a good chance of being true or correct ; likely

It is **probable** that your team will win the game.
너희 팀이 그 게임에서 이길 것 같다.

This account seems **probable**. 이 이야기는 사실인 듯하다.

probability 가망성, 공산
probably 아마, 필시

proceed

동 말을 계속하다, …생기다, 착수하다

to begin and continue some course of action

Please **proceed** with your story.
이야기를 계속해 보시오.

Let's **proceed** to the next task.
다음 과제를 착수합시다.

produce

동 생산하다, 제작하다

to grow or supply ; to make from materials

The soil **produces** grain.
땅에서는 곡물이 난다.

The Johnsons **produced** 10 healthy children.
존슨네 집에는 지금까지 10명의 건강한 자식이 태어났다.

produce 생산물
production 제조, 생산

profession

명 (훈련을 쌓은 후에 가능한) 직업

a form of employment, sep. one that is respected in society and is possible only after training

What is his **profession**?
그의 직업은 무엇인가?

profit

명 이익, 수익, 이윤

money gain ; money gained by business

She made a **profit** of ten dollars.
그녀는 10달러를 벌었다.

There is no **profit** in drinking.
술을 마셔봐야 아무 이익도 없다.

progress

명 진전, 발달, 향상 동 좋아지다

advance ; journey onward

He made rapid **progress** in French.
그는 프랑스어 실력이 빠르게 향상됐다.

progressive 진보적인, 진취적인

prompt

동 부추기다 형 즉시 … 하는

to cause or urge

He is always **prompt** to obey orders.
그는 언제나 명령을 즉시 거행한다.

Be **prompt** to obey order.
당장 명령에 복종하라.

What **prompted** him to steal it?
무엇 때문에 그는 그것을 훔쳤는가?

pronounce

동 발음하다, 선언하다

to make the sound of a letter, a word, etc.

I try to **pronounce** a word correctly.
나는 단어를 정확하게 발음하려고 애쓴다.

I cannot **pronounce** him out of danger.
나는 그가 위험에서 벗어났다고 단언할 수 없다.

pronouncement 공고, 선언, 발표
pronunciation 발음

property

명 재산, 소유권

something which is owned ; possessions

He inherited a large **property**.
그는 큰 재산을 물려받았다.

private property 사유 재산

propose

동 제안하다, 추천하다, 결혼을 신청하다

to suggest ; put forward for consideration ; to make an offer of marriage

He **proposed** asking her to the luncheon.
그는 그녀를 점심에 초대하자고 제의했다.

proposal 제안, 제의

protect

동 보호하다, 지키다

to keep safe, by guarding or covering

Society **protects** itself against disruptive influences.
사회는 분열시키는 세력에 대해 스스로 지킨다.

We must **protect** people from disease.
우리는 사람들을 병으로부터 보호해야 한다.

protection 보호
protective 보호하는

provide

동 제공하다, 대비하다, 부양하다

to supply something needed or useful

Chickens **provide** us with eggs.
닭은 우리에게 달걀을 제공한다.

provide A with B
A에게 B를 제공하다

publish

동 출판하다, 발표하다

to choose, arrange, have printed, and offer for sale to the public a book, magazine, newspaper, etc.

It was first **published** in 1990.
그것은 1990년에 처음으로 출판되었다.

publish the news
그 소식을 게재하다

punish

동 처벌하다, 응징하다

to cause someone to suffer for a fault or crime

He was **punished** for his misdeed.
그는 나쁜 짓을 했다가 처벌되었다.

Murders should be **punished** by death.
살인은 사형으로 처벌되어야 한다.

punishment **명** 형벌

purchase

동 사다, 획득하다 **명** 구입, 구매

to buy ; buying

I **purchased** my wife a new coat.
아내에게 새 코트를 사주었다.

pursue

동 추적하다, 뒤를 쫓다, 계속하다

to follow, esp. in order to catch, kill, or defeat ; to continue with

They **pursued** the enemy.
그들은 적을 추격했다.

He is **pursuing** his studies at the university.
그는 대학에서 연구를 계속하고 있다.

pursuit 추격, 일, 작업

puzzle

동 당황하게 하다, 골똘히 생각하다 **명** 수수께끼, 퍼즐

to cause difficulty in the effort to explain or understand

the perpetual puzzle of existence
인생의 영원한 수수께끼

That crime **puzzled** the police.
경찰은 그 범죄 때문에 애먹었다.

queer

형 이상한, 미심쩍은

strange ; not well

a queer hat
괴상한 모자

There is something **queer** about him.
그 사람에게는 수상쩍은 데가 있다.

R/r

A/O

B/P

C/Q

D/R

E/S

F/T

G/U

H/V

I/W

J/X

K/Y

L/Z

M

N

rag

명 넝마, 누더기 옷, 단편

a small piece of old cloth

He goes about in **rags**.
그는 누더기를 걸치고 돌아다닌다.

The baby tore to **rags** the tissue.
그 아기는 휴지를 갈가리 찢었다.

rage

명 격노, 분노

a state of wild uncontrollable anger

in a rage
홧김에, 노발대발하여

He whipped up into a **rage**.
그는 버럭 화냈다.

raise

동 일으키다, 들어 올리다, 높이다

to lift, push, or move upwards ; to make higher in amount, degree, size, etc.

The slaves **raised** revolt.
노예들이 폭동을 일으켰다.

He saw a policeman **raise** rifle.
그는 경관이 소총을 들어 겨누는 것을 보았다.

rate

명 속도, 배율, 정도 | 동 평하다

a value, cost, speed, etc. measured by its relation to some other amount

at the rate of sixty miles an hour
시속 60마일의 속도로

Many critics **rate** this play as his best.
많은 비평가가 이 극을 그의 최고의 작품으로 평한다.

rattle

동 덜컹거리게 하다, 어리둥절하게 하다

to make a lot of quick little noises ; to make nervous or anxious

The wind **rattled** the door.
바람이 문을 덜컹거리게 했다.

Keep calm, don't get **rattled**.
진정해, 동요하지 말고.

raw

형 날것의, 생의, 가공되지 않은

not cooked ; in the natural state

raw vegetables
생채소

raw cotton
원면

She loves to eat **raw** fish.
그녀는 생선회를 좋아한다.

realm

명 영역, 분야

a world ; area of activity

the realm of science
과학의 영역

There are great chain of beings in the **realm** of nature.
자연계에는 위대한 먹이사슬이 있다.

stake

명 말뚝, 위기

a pointed piece of wood for driving into the ground as a mark, for holding a rope, etc.

He pulled up a **stake**.
그는 말뚝을 뽑았다.

rebel

동 반역하다, 반항하다 명 반역자, 반항자

to fight with violence against anyone in power, esp. the goverment

He led the **rebel** army.
그는 반란군을 이끌었다.

rebel against all authority
모든 권력에 반항하다

recess

명 휴가, 휴식

a pause for rest during the working day or year

during the noon **recess**
점심시간 동안

The meeting is in **recess**.
그 회의는 휴회 중이다.

reckless

형 마음 쓰지 않는, 무관심한

too hasty ; not carrying about danger

a **reckless** child
앞뒤를 가리지 않는 아이

reckless driving
무모한 운전

She is **reckless** of her parents' wishes.
그녀는 부모의 바람 따위에 개의치 않는다.

recognize

동 인정하다, 생각해 내다, 알아보다

to accept as being lawful or real, or as having value

a recognized method of teaching English
인정된 영어 교수법
He **recognized** the address. 그는 그 주소를 알고 있었다.
recognizable 인식할 수 있는
recognition 인정, 인지

recover

동 회복하다, 극복하다, 보상하다

He **recovered** himself in the hospital.
그는 병원에서 회복되었다.
We have to **recover** our losses.
우리는 손실을 보충해야 한다.

reel

동 휘청거리다, 비틀거리다, 감다, 감아 당기다

to move unsteadily; to move by winding

He **reeled** from a blow on his cheek.
그는 뺨을 얻어맞고 비틀거렸다.
to reel in the fishing line
낚싯줄을 감아올리다

refine

동 정제하다, 세련되게 하다

to make pure

refine crude oil 원유를 정제하다
refine one's language
말을 세련되게 하다
He always **refines** his manner.
그는 항상 태도를 품위있게 한다.

refuge

명 피난, 은신처, 위안을 주는 것

protection or shelter from danger

He finds a **refuge** in literature.
그는 문학에서 위안을 찾는다.

refugee 피난민, 난민

regret

동 후회하다, 뉘우치다 **명** 유감, 후회

to be sorry about

I **regret** eating the oyster.
나는 굴을 먹은 걸 후회한다.

I **regret** not having studied harder.
나는 더 열심히 공부하지 않은 것을 후회한다.

reign

동 군림하다, 통치하다 **명** 통치기간, 통치

to be the king or queen

It happened in the **reign** of Henry V.
그것은 헨리 5세가 통치할 때 일어났다.

under the reign of Queen Elizabeth
엘리자베스 여왕의 통치 하에

release

동 면제하다, 자유롭게 하다 **명** 면제, 해제

to set free ; allow to come out

I **released** him from an obligation.
나는 그를 채무로부터 면제시켜 주었다.

After his **release** from prison he came home.
감옥에서 석방된 후 그는 귀가했다.

A/O

B/P

C/Q

D/R

E/S

F/T

G/U

H/V

I/W

J/X

K/Y

L/Z

M

N

religion

명 종교, 신앙심

belief in one or more gods, esp. the belief that he/she/they made the world and can control it

Which kind of **religion** do you believe?
어떤 종교를 믿니?

remark

동 말하다, 진술하다   **명** 주의, 주목

to say, esp. something which one has just noticed ; give as an opinion

"I thought you wouldn't come." she **remarked**.
"당신이 오지 않으리라 생각 했어요."라고 그녀는 말했다.

I **remarked** a slight limp in his walk.
그가 다리를 약간 전다는 것을 알았다.

remarkable 눈에 띄는, 비범한

remove

동 치우다, 옮기다, 이전하다, 이사하다

to take away from a place ; get rid of

The girl **removed** the books from the desk.
그 소녀는 책상 위의 책을 치웠다.

I **removed** my residence to London.
나는 런던으로 이사했다.

renew

동 소생시키다, 생기를 되찾다, 새 것으로 바꾸다

to give new life and freshness to ; to replace with something new of the same kind

I came back from my vacation with **renewed** strength.
나는 휴가에서 생기를 되찾아 돌아왔다.

to **renew** one's library card
도서 카드를 갱신하다

renewal **명** 개조, 새롭게 하기

rent

동 빌려주다, 임대하다, 빌리다 명 임대

to allow to be used in return for rent

Do you **rent** out your house?
집을 세놓습니까?

This house **rents** at 200 dollars a year.
이 집은 1년에 200달러의 전세이다.

Room for Rent
세놓음

repose

명 휴식, 휴양, 안정 동 드러눕다, 쉬다

rest ; quiet sleep

He **reposed** upon a bed. 그는 침대에 누웠다.
find repose of mind in faith 신앙에서 마음의 안식을 발견하다

represent

동 나타내다, 의미하다, 대표하다

to show ; be a sign or picture of ; stand for

This painting **represents** a storm at sea.
이 그림은 바다에서의 폭풍을 나타내고 있다.

to represent one's fellow-members at the club meeting
클럽 회의 때 동료 회원들을 대표하다

representative 대의원, 대표자, 대리인

reproach

동 나무라다, 비난하다, 꾸짖다 명 책망, 비난

to blame, not angrily but sadly

He **reproached** me for carelessness.
그는 부주의하다고 나를 꾸짖었다.

reproachful 형 비난하는, 나무라는 듯한

republic

명 공화국, 단체, 사회

a nation, usu. governed by elected representatives, whose head of state is a president

Republic of Korea
대한민국

They are from the Federal **Republic** of Germany.
그들은 독일 연방공화국 출신이다.

reputation

명 평판, 세평, 명성

opinion held by others ; degree to which one is well thought of

He has a **reputation** for carelessness.
그는 경솔하다고 평판이 나 있다.

The restaurant has a good **reputation**.
그 식당은 평판이 좋다.

repute 평판, 세평

request

명 요구, 요청, 요청 받은 일   동 요구하다, 요청하다

a polite demand ; something that has been asked for

He granted her **request**.
그는 그녀의 부탁을 들어주었다.

We must **request** you to hold your tongue.
조용히 해 주시기를 바랍니다.

hold one's tongue 입 다물다

rescue

동 구하다, 구출하다   명 구조, 구원

to save from harm or danger ; an act of rescuing

We should **rescue** the environment from pollution.
우리는 환경을 오염으로부터 지켜야만 한다.

resemble

동 닮다, 유사하다

to look or be like

They **resemble** each other in shape.
그들은 체격이 서로 닮았다.

resemblance 닮음, 비슷함, 유사

reserve

동 예약하다, 비축해 두다, 메어 두다

also to arrange in advance to have something

Success is **reserved** for those who work hard.
열심히 일하는 사람에게는 성공이 약속되어 있다.

Please **reserve** a table for me.
좌석 하나 예약해 주세요.

resign

동 사직하다, 기꺼이 따르다

to leave a job or position ; to accept without complaint

He **resigned** his job.
그는 사직했다.

He **resigned** his son to the care of a relative.
그는 아들의 양육을 친척 중 한 사람에게 위탁했다.

resolve

동 결심하다, 결정하다, 분해하다

to decide

Have you **resolved** where you will go next?
다음에 어디로 갈 것인지 결정했어요?

resolution 명 결심, 결의, 결단

A/O

B/P

C/Q

O/R

E/S

F/T

G/U

H/V

I/W

J/X

K/Y

L/Z

M

N

resort

동 가다, 자주 가다, 호소하다　명 유흥지

to go to a pleasant place ; to turn to for help

a park to which many people resort
많은 사람이 가는 공원

He knew no one he could **resort** to for help.
그는 도움을 청할 수 있는 사람이 하나도 없다는 것을 알았다.

restore

동 되돌리다, 반환하다, 회복하다

to give or bring back

I feel quite **restored** after my holiday.
휴가를 보내고 나니 건강이 아주 회복된 느낌이다.

The art treasures were **restored** to Korea.
귀중한 미술품이 한국으로 반환되었다.

restoration 명 수복, 회복

restrain

동 억누르다, 억제하다

to control ; prevent

I **restrained** the children from arguing.
아이들의 말다툼을 말렸다.

restraint 구속력, 억제, 조심

retain

동 계속 지나다, 유지하다, 간직하다

to keep possession of, avoid losing

Here hills and rivers **retain** their old names.
여기서는 산이나 강이 옛 이름을 그대로 간직하고 있다.

The wall **retains** the bank.
옹벽이 둑을 지탱하고 있다.

retire

동 은퇴하다, 퇴직하다, 물러가다

to stop working at one's job, profession, etc., usu. because of age

retire from business
사업을 그만두다
The enemy **retired** in good order.
적은 질서 정연하게 후퇴했다.

retreat

동 달아나다, 후퇴하다 명 퇴거, 물러남, 피난처, 휴양처

to move away ; go back ; a place into which one can go for peace and safety

a summer retreat
피서지
I **retreated** from my noisy children.
나는 시끄러운 아이들에게서 도망쳤다.

reveal

동 드러내다, 보여주다, 누설하다

to allow to be seen

The report **revealed** that many teenagers are alcoholics.
그 보고서는 많은 10대 아이들이 알코올 중독임을 밝혔다.
When the mist cleared up, the lake **revealed** itself.
안개가 걷히자 호수가 그 모습을 드러냈다.

revenge

명 원한 동 보복하다, 복수하다

punishment given to someone in return for harm done to oneself

He **revenged** his dead father.
그는 죽은 아버지의 원수를 갚았다.
I must **revenge** myself upon him for this mischief.
그에게 이런 장난을 당했으니 복수해야겠다.

review

동 재검토하다, 다시 보다, 회고하다 명 서평, 논평

to consider and judge ; go over again in the mind

I **reviewed** the economic situation.
나는 경제 상태를 재검토했다.

a book review
서평

reward

명 보수, 보상 동 보답하다, 보상하다

return for work or service ; to give a reward to someone

No **reward** without toil.
노력 없이 보상 없다.

How can I **reward** you for all your help?
너의 모든 도움에 대해 어떻게 보답하지?

rid

동 제거하다, 없애다, 몰아내다

to drive, throw, or give away or destroy

He is never able to **rid** himself of debt.
그는 결코 빚에서 헤어날 수가 없다.

They tried to **rid** the room of mosquitos.
그들은 방에서 모기를 없애려고 했다.

get rid of -을 제거하다
rid A of B A에서 B를 제거하다

ripe

형 여문, 익은, 노련한

fully grown and ready to be eaten ; ready for

a field of ripe corn 잘 익은 옥수수 밭
a daughter ripe for marriage 결혼 적령기의 딸
Soon **ripe**, soon rotten. (속담) 빨리 익으면, 빨리 썩는다.

risk

명 위험, 염려 **동** …을 각오하고 해보다

a danger ; to take the chance of

at any risk
어떤 위험이 있더라도, 모든 위험을 무릅쓰고라도

I accept the **risks** involved in this undertaking.
나는 위험이 따른다는 것을 알고도 이 사업을 시작한다.

rival

명 경쟁자, 경쟁상대 **동** 필적하다, 맞먹다

a person with whom one competes ; to equal

rivals in wealth
재산이 막상막하인 사람들

No one can **rival** him in eloquence.
웅변에서는 아무도 그를 당할 수 없다.

roar

동 고함치다, 큰소리로 웃다 **명** 폭음

to say or express with a deep loud continuing sound

He **roared** in a voice of thunder.
그는 벼락같은 소리를 질렀다.

I hate the **roar** of planes.
나는 비행기의 폭음을 싫어한다.

rob

동 강탈하다, 빼앗다

to take the property of a person or organization unlawfully

He **robbed** me of my purse.
그가 내 지갑을 강탈했다.

commit robbery
금품을 강탈하다

robbery 도둑질, 강탈, 약탈

route

명 통로, 항공 노선, 항로

a way planned or followed from one lace to another

Which is the shortest **route** to Seoul?
서울로 가는 가장 가까운 길이 어느 것입니까?

an air route
항공로

rub

동 비비다, 쓰다듬다

of a surface to slide in this way against

rub one's hands warm
손을 비벼 따뜻하게 하다

The leg of the chair had **rubbed** a hold in the carpet.
의자 다리가 융단에 구멍을 냈다.

rural

형 시골의, 시골풍의

of or like the countryside ; concerning country or village life

rural life 시골 생활
a rural accent 시골 사투리
a rural scene 시골 풍경
rural communities 농촌
I'd like to live a **rural** life. 나는 전원생활을 하고 싶다.

rust

명 녹

It was covered with **rust**.
그것은 녹이 슬어 있다.

I crapped the **rust** off the car.
나는 차의 녹을 닦아냈다.

rusty 녹슨, 녹이 난

S / s

A/O

B/P

C/Q

D/R

E / S

F/T

G/U

H/V

I/W

J/X

K/Y

L/Z

M

N

sacrifice

® 희생, 희생물 ⑧ 바치다

the loss or giving up of something of value, esp. of a particular purpose

She made a lot of **sacrifices** to get an education.
그녀는 교육을 받기 위해 많은 희생을 치렀다.

He **sacrificed** his life for his country.
그는 나라를 위해서 목숨을 바쳤다.

sake

® 위함, 동기

for the good of

Do it for my **sake**.
나를 위해 그것을 해주시오.

for conscience sake 양심상
I would do anything for your **sake**.
너를 위하는 일이라면 무엇이라도 하겠다.

satisfy

⑧ 만족시키다, 납득시키다

to make happy ; please

His explanation of the accident didn't **satisfy** my curiosity.
사고에 대한 그의 설명은 나의 궁금증을 완전히 풀어주지 못했다.

His answer **satisfied** her.
그의 대답에 그녀는 만족했다.

savage

형 **야만적인, 잔인한** 명 **야만인**

forcefully cruel or violent ; an uncivilized person

savage customs 야만적인 풍습
savage dog 사나운 개
He makes her **savage**. 그는 그녀를 화나게 한다.

scald

동 **데다, 열상을 입다**

to burn with hot liquid

tears that scalded the check
뺨을 흘러내리는 뜨거운 눈물
He **scalded** himself with hot water.
그는 뜨거운 물에 데었다.

scale

명 **규모, 척도** 동 **무게가 나가다, 벗기다**

size, esp. in relation to other things or to what is usual

value scales 가치척도
a large-scale business operation 대규모의 기업 조직
The paint is half **scaling** off.
페인트가 반쯤 벗겨지고 있다.

He **scales** 80 pounds.
그는 체중이 80파운드다.

scarce

형 **부족한, 모자라는, 드문**

not much or many ; hard to find

Fruit will be **scarce** this year.
올해는 과일이 부족할 것이다.

Good fruit is **scarce** in winter.
좋은 과일은 겨울에는 희귀하다.

scarcely 부 거의 …하지 않다

scene

명 현장, 무대, 장

a place where something happens ; any of the divisions, often within an act

A knife was found at the **scene** of the crime.
그 범죄 현장에서 칼이 발견되었다.

Act I, Scene II 제1막 2장

Let's make the **scene** at the club tonight. 오늘밤에 클럽 가자.

seal

동 밀폐하다, 밀봉하다　명 표시, 봉인

to fasten or a tight cover or band of something

Take off the **seal**.
봉인을 뜯어라.

They put a **seal** on an envelope.
그들은 봉투에 도장을 찍었다.

search

동 수색하다, 뒤지다, 찾다　명 찾기

to look through, or examine thoroughly or carefully to try to find something

The police **searched** his house.
경찰은 철저히 그의 집을 수색했다.

He went in **search** of love.
그는 사랑을 찾아 떠났다.

seize

동 잡다, 붙잡다, 사로잡다

to take hold of eagerly and forcefully

He **seized** her by the wrist.
그는 그녀의 손목을 꼭 잡았다.

And then terror **seized** him.
그리고는 공포심이 그를 엄습했다.

select

동 선발하다, 가려내다

He was **selected** to play for England.
그는 영국 대표선수로 선발되었다.

select the best among many works
많은 작품 중에서 최우수작을 가려내다

selection 선택, 선발

sense

명 이해력, 판단력, 감각, 기능, 정신

power to understand and make judgments about something

Dogs have a keen **sense** of smell.
개는 후각이 예민하다.

He's got a good **sense** of humor. 그는 유머 감각이 뛰어나다.

sensible 형 양식 있는, 합리적인

sentiment

명 정서, 감정, 감상

tender or fine feeling of pity, love, sadness, etc. ; thought or judgement arising from feeling

We expressed our **sentiment** about the subject.
우리는 그 주제에 관한 소감을 말했다.

He had friendly **sentiments** toward me.
그는 내게 호의를 보여 주었다.

settle

동 해결하다, 결정하다, 정착하다

to make the last arrangement ; to go and live

That's **settled**, we'll do it tomorrow!
그것은 결말났어, 우리는 내일 할 거야.

They got married and **settled** in San Francisco.
그들은 결혼해서 샌프란시스코에 정착했다.

settlement 해결, 식민, 처리

severe

형 엄격한, 엄정한, 간결한

not kind or gentle in treatment ; strict

He is **severe** with his children.
그는 아이들에게 엄격하다.

The writer is known for his **severe** style.
그 작가는 간결한 문체로 유명하다.

sew

동 꿰매다, 봉하다, 수선하다

to join or fasten by stitches made with thread

Mother **sewed** a blouse for me.
어머니는 내 블라우스를 꿰매 주셨다.

Who taught you how to **sew**?
누가 바느질하는 법을 가르쳐 주었니?

sewing 명 재봉

shame

명 부끄러움, 창피 동 부끄럽게 하다, 창피주다

the painful feeling of one's own guilt, wrongness, or failure or that of a close friend, relative, etc.

She blushed with **shame**.
그녀는 부끄러워 얼굴을 붉혔다.

Shame on you!
창피한 줄 알아라!

What a **shame**! 그것 참 안됐구나!

shiver

동 덜덜 떨다 명 오싹함, 전율

to shake, as from cold or fear ; tremble

A **shiver** ran up his spine.
그는 등골이 오싹했다.

shriek

명 비명 동 비명을 지르다

a wild high cry ; to cry out with a high sound

He gave a shriek.
그는 비명을 질렀다.

I shrieked with terror.
나는 공포로 비명을 질렀다.

similar

형 유사한, 비슷한

like or alike, of the same kind

Her coat is similar in color to mine.
그녀의 코트 색은 내 것과 비슷하다.

They have similar problem.
그들은 비슷한 문제에 당면해 있다.

similarity 유사점, 비슷함

sincere

형 진지한, 참된

without deceit or falseness ; real, true, or honest

He is sincere in his words. 그는 약속을 잘 지킨다.
He made a sincere effort to pass an examination.
그는 시험에 합격하기 위해 진지한 노력을 했다.

sincerely 부 진심으로
sincerity 명 성실

situation

명 장소, 상황

a position or condition at the moment ; state of affairs

I'm in a difficult situation.
나는 어려운 처지에 놓여 있다.

situation room
상황실

skill

명 기능, 솜씨

practical knowledge and power

He has no **skill** in diplomacy.
그는 외교적 수완이 없다.

I have **skills** to tune a piano.
나는 피아노 조율 기술을 갖고 있다.

skillful 뛰어난

skip

동 거르다, 뛰어넘다, 빼먹다

to pass over or leave out

He sometimes **skips** a meal.
그는 간혹 끼니를 거른다.

to skip the uninteresting parts of a book
책의 재미없는 부분을 건너뛰다

slaughter

동 학살하다, 도살하다

to kill cruelly or wrongly ; to kill for food

people needlessly slaughtered
무차별 학살당한 사람들

They had to **slaughter** thousands of cattle.
그들은 수천 마리의 소를 도살해야만 했다.

sleeve

명 소매, 의견

a part of a garment for covering an arm

a dress with short sleeves
짧은 소매의 드레스

Sometimes it is better not to wear your heart on your **sleeve**.
때로는 자기의 감정을 숨기는 것이 좋을 수도 있다.

slender

형 가는, 마른, 얼마 안 되는

delicately or gracefully thin ; hardly enough

She is **slender**.
그녀는 말랐다.

a man of slender build 마른 체격의 남자
a slender budget 얼마 안 되는 예산

slide

동 미끄러지다, 슬쩍 앉다, 회피하다

to go smoothly over a surface ; to pay no attention to something

She **slid** into her room.
그녀는 방으로 슬쩍 들어갔다.

slide - slid - slid

slumber

동 활동하지 않다, 잠자다

a state of sleep

The volcano had **slumbered** for years.
화산이 여러 해 동안 활동하지 않고 있다.

I **slumbered** away the daytime.
나는 낮에는 잠만 자고 지냈다.

smash

동 때려 부수다, 갈기다, 박살나다

to break into pieces violently

He **smashed** a window with a rock.
그는 돌로 창문을 때려 부수었다.

The bankruptcy **smashed** the firm.
파산으로 회사는 쓰러졌다.

snap

동 덥석 물다, 꼭 잡다 명 뚝 소리내기, 덤벼들기

to close the jaws quickly ; an act or sound of snapping

His dog snapped at me.
그의 개가 내게 덤벼들어 물었다.

He used to snap at his wife.
그는 늘 아내에게 딱딱거렸다.

sob

동 흐느끼다, 울다

to breathe while weeping, in sudden heart burst

She sobbed herself to sleep.
그녀는 흐느끼다가 잠들었다.

The little boy was sobbing with grief.
그 소년은 슬퍼서 울고 있었다.

sob - sobbed - sobbed

sober

형 술에 취하지 않은, 온건한

not drink, in control of oneself

I became sober.
나는 술이 깼다.

I am stone cold sober.
전혀 취하지 않았다.

solemn

형 엄숙한, 장엄한

serious ; of the most formal kind

He spoke in solemn tones.
그는 엄숙한 어조로 말했다.

a solemn ceremony 장엄한 의식

solid

형 **고체의, 고형의, 품질이 좋은**

not needing a container to hold its shape ; of good quality

a solid fuel 고체 연료
solid furniture 잘 만든 가구
Her ring is a **solid** silver.
그녀의 반지는 순은이다.

sore

형 **아픈, 염증의**

painful or aching from a wound, infection, or hard use

a sore throat from cold
감기로 염증을 일으킨 목

My back is **sore**.
허리가 아프다.

He was **sore** at the loss of his son.
그는 아들을 잃고 슬픔에 잠겼다

source

명 **원천, 원인, 출처**

a place from which something comes

Where is the **source** of the Amazone?
아마존강의 수원은 어디지?

Can you find the **source** of the engine trouble?
엔진 고장의 원인을 찾았니?

spark

명 **불꽃, 불똥, 아주 조금**

a small piece of burning meterial thrown out by a fire or by the striking together of two hard objects

Sparks fly up the chimney.
불꽃이 굴뚝을 통해 날아 올라간다.

She showed not a **spark** of interest.
그녀는 흥미를 조금도 나타내지 않았다.

sparkle

동 반짝이다, 활기차다

to shine in small flashes

Diamonds **sparkle** in the dark.
다이아몬드는 어둠 속에서 반짝인다.

sparkle with vivacity
활기에 차 있다

specialize

동 전문으로 하다(in), 전문화하다

to limit one's study, business, etc., to particular things or subjects

He is a student **specializing** in economics.
그는 경제학을 전공하는 학생이다.

This shop **specializes** solely in books about art.
이 점포는 예술에 대한 책만을 전문으로 다루고 있다.

sphere

명 범위, 분야, 천체

an area of existence, action, etc. ; a round figure in space

music of the spheres
천사의 음악

His **sphere** of influence is the world of banking.
그의 주된 활동 범위는 금융계이다.

spin

동 실을 잣다, 치다, 빙빙 돌다, 회전하다

to make by twisting ; to turn around and around fast

She **spun** the wool into thread.
그녀는 양모를 실로 뽑아내었다.

I **spun** around to see who had spoken.
누가 말했는지 알아보기 위해 빙글 몸을 돌렸다.

spin - spun - spun

A/O

B/P

C/Q

D/R

S

F/T

G/U

H/V

I/W

J/X

K/Y

L/Z

M

N

spirit

명 마음, 정신, 사기, 의기양양

a person's soul or mind; force, effort, or excitement shown

She is possessed by an evil **spirit**.
그녀는 악령에 사로잡혀 있다.

He is in high **spirits** today.
그는 오늘 기분이 좋다.

splash

동 튀다, 뿌리다, 낭비하다

to fall or strike noisily, in drops, waves, etc. ; throw a liquid

The water **splashed** my dress.
물이 내 드레스에 튀었다.

Children like to **splash** in the bath.
아이들은 목욕탕에서 물 튀기기를 좋아한다.

split

동 쪼개다, 못쓰게 하다

to divide along the length, esp. by a blow or tear

The hikers **split** up into two groups.
도보 여행자들은 두 그룹으로 갈라졌다.

They **split** up after a year of marriage.
두 사람은 결혼 후 1년 만에 헤어졌다.

spilt - spilt - spilt

stable

형 안정된, 착실한, 안정적인

not easily moved, upset, or changed

He is a man of **stable** character.
그는 착실한 사람이다.

He aims to keep prices **stable**.
그는 물가의 안정을 유지하려 한다.

staff

명 지팡이, 직원, 사원

a thick stick used as a support or as a mark of office

She walked with a **staff**.
그녀는 지팡이를 짚고 걸었다.

The school's teaching **staff** is excellent.
그 학교의 교사진은 훌륭하다.

stage

명 단계, 시기, 장소, 무대

a period in a course of events ; the raised floor on which plays are performed in a theater

The plan is still in its early **stages**.
그 계획은 여전히 초기 단계에 있다.

The actor was on **stage** for hours.
그 배우는 몇 시간 동안 공연했다.

stain

동 얼룩지다, 더렵혀지다 명 흠, 얼룩, 오점

to discolor in a way that is lasting or not easy to repair ; a stained place or spot

Her teeth are **stained** by smoking.
그녀의 치아는 흡연으로 누렇게 되었다.

a **stain** on one's family names
가문의 흠

stall

명 마구간, 매점

an indoor enclosure for one animal ; a table or small open fronted shop in a public place

He led the horse back into the **stall**.
그는 말을 도로 마구간에 넣었다.

Father set a magazine **stall**.
아버지는 잡지 매점을 내셨다.

starve

동 굶주리다, 갈망하다

to die or suffer from lack of food

I am **starving**.
배고파 죽겠다.

She was **starving** for knowledge.
그녀는 지식욕에 불타고 있었다.

She **starved** for a kind word from him.
그녀는 그에게서 다정한 말이 나오기를 갈망했다.

statue

명 동상

a likeness esp. of a person or animal, made in stone, metal, etc.

They put up a **statue** of the king.
그들은 왕의 동상을 세웠다.

steady

형 꾸준한, 착실한, 차분한 명 꾸준한 것

firm ; sure in position or movement

take steady aim at the target
목표를 확고하게 잡다

His words are **steady** and confident.
그의 말은 흐트러짐이 없고 자신감에 차있다.

stem

명 (식물의) 줄기, 자루, 가문, 근원

the central part of a plant above the ground, from which the leaves grow, or the smaller part which supports a leaf or flower

His illness **stems** from a traffic accident.
그의 병의 근원은 교통사고다.

stern

형 **엄격한, 매정한**

showing firmness towards the behavior of others

He is **stern** to his servant. 그는 하인에게 엄하게 대한다.
return a stern answer 매정스러운 대답을 하다

stiff

형 **뻣뻣한, 딱딱한, 굳은**

not easily bent

His hands were **stiff** with cold.
그의 손은 추워서 뻣뻣해졌다.

sting

동 **찌르듯 아프다, 쏘다, 괴롭히다** 명 **괴로움**

to feel a sharp pain ; a sharp pain

The hard rain **stung** my face.
세찬 비가 얼굴을 쏘듯이 때렸다.
That **stung** my pride. 그것은 내 자존심을 상하게 했다.
sting - stung - stung

stoop

동 **굽히다, 굽다** 명 **구부림**

to bend forwards and down

He **stooped** to pick up the hat. 그는 모자를 주우려고 허리를 굽혔다.
She **stooped** from age. 나이가 들어 허리가 구부정해졌다.

stout

형 **뚱뚱한, 단호한**

rather fat and heavy ; strong

He became **stout** as he grew older.
그는 나이를 먹어감에 따라 점점 뚱뚱해졌다.
one's **stout** refusal …의 단호한 거절

A/O

B/P

C/Q

D/R

E S

F/T

G/U

H/V

I/W

J/X

K/Y

L/Z

M

N

strain

동 팽팽하게 하다, 긴장시키다   명 긴장, 부담

to stretch or pull tightly ; the condition of being strained

All his senses were on the **strain**.
그의 모든 감각이 긴장해 있었다.

His relationship with his father is **strained**.
그는 아버지와 긴장된 관계에 있다.

stray

동 길을 잃다, 벗어나다   형 길을 잃은, 뜻밖에 찾아오는

to wander away ; lost from home ; met or happening by chance

The dog **strayed** off from the kennel.
개는 개집을 나와 길을 헤매고 다녔다.

She is a **stray** customer.
그녀는 뜨내기손님이다.

string

명 줄, 현   동 줄을 매다

thin cord ; to put one or more string

a piece of string
한 오라기의 실

Let's **string** up Christmas decorations.
크리스마스 장식을 매달자.

strip

명 좁고 긴 조각   동 벗기다, 없애다

a narrow piece ; to remove ; to undress

a strip of paper   길쭉한 종이
Elephants **stripped** the leaves from the trees.
코끼리가 나뭇잎들을 다 떼어 내버렸다.

He **stripped** to the waist.
그는 허리까지 옷을 벗었다.

strive

동 노력하다, 싸우다

to struggle hard

He always **strives** to be impartial.
그는 항상 공평하려고 애쓴다.

Each **strove** with the others for the highest honors.
각자는 최고의 영예를 얻으려고 경합했다.

strive - strove - striven

stuff

동 채우다, 틀어막다 **명** 재료

to push into fill with a substance ; material of any sort, of which something is made

to **stuff** a shoe with newspaper
신발을 신문으로 채우다

The house was built with poor **stuff**.
그 집은 건축자재가 좋지 않은 것으로 지어졌다.

submit

동 복종하다, 제출하다

to yield ; agree to obey ; to offer for consideration

to **submit** to authority
권위에 복종하다

He is required to **submit** the master plan to the committee.
그는 위원회에 종합계획을 제출해야 한다.

substance

명 취지, 재산, 본질

the important part ; the real meaning

the **substance** of the proposal
그 제안의 취지

His claims lack **substance**.
그의 주장에는 내용이 없다.

in **substance**
실질상, 실질적으로

suffice

동 충분하다

to be enough

A brief statement will **suffice**.
간단한 언급만으로도 충분할 것이다.

sufficient **형** 충분한
sufficiency **명** 충분

suicide

명 자살

the act of killing oneself

He tried to commit **suicide**.
그녀는 자살을 시도했다.

sum

명 합계, 액수, 계산, 문제　**동** 요약하다

the total produced when numbers, amounts, etc., are added together

Figure out a **sum**.
합계를 내보아라.

The **sum** of 7 and 9 is 16.
7과 9의 합은 16이다.

surround

동 포위하다, 둘러싸다

to be or go around on very side

The cabin was **surrounded** with darkness.
오두막집은 어둠에 싸여 있었다.

He was **surrounded** by the crowd.　그는 군중에 둘러싸여 있었다.
surrounding 환경

sway

동 흔들리다, 휘두르다 명 통치

to swing from side to side ; power to rule

She was **swaying** about between several distinct viewpoints.
그녀는 몇 가지 서로 다른 견해 중에서 마음을 정하지 못하고 있었다.

The waves **swayed** the mast.
파도 때문에 돛대가 흔들렸다.

swear

동 맹세하다, 선서하다, 욕하다

to state or promise formally ; use bad language

He **swore** to having returned the book.
그는 그 책을 돌려주었다고 단언했다.

I **swear** to God. 나는 하나님께 맹세한다.

Stop **swearing** in front of the children.
아이들 앞에서 욕하지 마세요.

swear - swore - sworn

T/t

tame

형 길들여진, 지루한 동 길들이다

not fierce or wild ; trained to live with people

The squirrel was so **tame** that it would eat from her hand.
그 다람쥐는 그녀의 손에서 먹이를 받아먹을 정도로 길들어 있었다.

a tame football game 재미없는 축구 시합
Taming of the shrew. 말괄량이 길들이기.

A/O
B/P
C/Q
D/R
E/S
F/T
G/U
H/V
I/W
J/X
K/Y
L/Z
M
N

tap

동 툭툭 치다 **명** 두드리기

to strike lightly against something

I **tapped** her on the back.
나는 그녀의 등을 툭 쳤다.

a tap on the shoulder
어깨를 가볍게 두드리기

temper

명 기질, 성미, 기분

a particular state or condition of the mind

She has such a sweet **temper**.
그녀는 아주 온화한 성품을 가졌다.

She is in a bad **temper**.
그녀는 화가 났다.

temperature

명 체온, 기온

the degree of heat or coldness

The nurse took my **temperature**.
간호사는 내 체온을 쟀다.

We check the **temperature** every morning.
우리는 매일 아침 기온을 조사한다.

tempt

동 꾀어내다, 유혹하다, 마음을 끌다

The serpent **tempted** Eve.
뱀이 이브를 꾀었다.

He **tempted** me out for the afternoon.
그는 그날 오후에 나를 유혹했다.

temptation 유혹

tend

동 기울어지다, …하기 쉽다

to be likely ; have a tendency

He **tends** to make mistakes at critical moments.
그는 위급할 때 실수하는 일이 많다.
Fruit **tends** to decay. 과일은 쉽게 상한다.

territory

명 지역, 영토

an area of land, esp. ruled by one government

Much **territory** in Africa is desert.
아프리카의 많은 지역이 사막이다.

thorn

명 가시, 고난, 골칫거리

a sharp pointed prickle growing on a plant ; a continual cause of annoyance

Roses have **thorns**. 장미에는 가시가 있다.
Jesus came out, wearing the crown of **thorns**.
예수께서 가시 면류관을 쓰고 나오셨다.

thread

동 실을 꿰다, 헤치고 나아가다 명 실

to pass a thread through

I can't **thread** this needle. 나는 이 바늘에 실을 꿰지 못하겠다.
She **threaded** her way through the crowd.
그녀는 군중 속을 요리조리 빠져나갔다.

throne

명 왕위, 왕좌

the ceremonial chair of a king, queen, etc.

She was only fifteen when she came to the **throne**.
그녀가 왕위에 즉위했을 때는 나이가 겨우 15살이었다.

thrust

동 찌르다, 밀치다 **명** 밀기

to make a sudden forward stroke with a sword, knife, etc.

He is **thrusting** his hands in pockets.
그는 주머니에 손을 찔러 넣고 있다.

She **thrust** him against a wall.
그녀는 그를 벽에 밀어붙였다.

timid

형 소심한, 겁 많은

fearful ; lacking courage

The girl is **timid** as a rabbit.
그 소녀는 토끼처럼 몹시 겁이 많다.

She was **timid** about being left alone.
그녀는 혼자 남게 되지나 않을까 겁먹고 있었다.

torment

동 괴롭히다, 시달리게 하다

to cause to suffer pain

He was **tormented** with severe back pain.
그는 심한 허리통증에 시달렸다.

They **tormented** him with questions.
그들은 그를 질문으로 괴롭혔다.

toss

동 던지다, 흔들다, 던져 올리기 **명** 동전 던지기

to throw ; to move about rapidly

I was **tossed** into the fray.
나는 싸움에 말려들었다.

fray 왁자지껄한 싸움

The catcher **tossed** the ball to the pitcher.
포수가 투수에게 공을 던졌다.

trail

동 추적하다 **명** 단서, 흔적

to follow the tracks of

The hunters lost the **trail** of tiger.
사냥꾼들은 호랑이의 흔적을 놓쳤다.

trail the thief to the hideout
도둑을 은신처까지 미행하다

transport

동 수송하다

to carry from one place to another

He was **transported** with rapture by her letter.
그는 그녀의 편지를 받고 기뻐 날뛰었다.

We will **transport** goods to London by plane.
우리는 비행기를 통해 화물을 런던으로 수송할 것이다.

transportation **명** 교통

trap

명 덫, 함정 **동** 꼼짝 못하게 하다

to apparatus for catching and holding animals

I was caught in a **trap**.
나는 함정에 빠졌다.

We got **trapped** in a traffic jam.
우리는 교통 정체로 꼼짝 못하게 됐다.

tread

동 산책하다, 억누르다, 짓밟다, 걷다

to walk or step ; to press firmly with the feet

I usually **tread** the ground in the morning.
나는 아침에 주로 산책을 한다.

Don't **tread** on the flower!
꽃을 밟지 마라!

A/O
B/P
C/Q
D/R
E/S
F/T
G/U
H/V
I/W
J/X
K/Y
L/Z
M
N

trifle

동 아무렇게나 다루다, 낭비하다 **명** 사소한 일

to treat without seriousness or respect

He **trifles** with his health.
그는 건강에 무신경하다.

She **trifled** her life away.
그녀는 허송세월을 보냈다.

triumph

명 승리, 의기양양 **동** 의기양양하다

the joy caused by a complete victory or success

They **triumphed** over the fallen enemy.
그들은 패배한 적에게 의기양양한 태도를 보였다.

trot

명 종종걸음, 속보 **동** 종종걸음으로 걷다, 빨리 달리게 하다

a fairly fast human speed between a walk and a run ; to move at a trot

The little girl **trotted** along behind her father.
어린 소녀는 아버지 뒤를 종종걸음으로 따라갔다.

tumble

동 떨어지다, 무너뜨리다, 허둥지둥 오다 **명** 추락, 전락

to fall or roll over suddenly, helplessly, or in disorder

She tripped and **tumbled** down the stairs.
그녀는 발이 걸려서 계단에서 굴러 떨어졌다.

Tumble up!
서둘러라

tune

동 **조율하다, 맞추다** 명 **어울림, 조화, 곡조**

to set at the proper musical level

She **tuned** up her violin.
그녀는 바이올린의 음을 조율했다.

His ideas were in **tune** with mine.
그의 생각은 내 생각과 거의 일치했다.

Stay **tuned**, please!
(라디오, T.V. 등에서) 채널을 고정시켜 주세요.

twilight

명 **해질녘, 땅거미**

the time when day is about to become night, and there is little light, or when night is about to become day

He arrived at the town by **twilight**.
그는 땅거미가 질 무렵에야 마을에 도착했다.

twinkle

동 **반짝이다, 빛나다** 명 **깜빡거림**

to shine with an unsteady light

twinkling stars
반짝이는 별들

in the twinkling of an eye
눈 깜짝할 사이에

Her eyes **twinkled** at his words.
그의 말을 듣자 그녀의 눈이 빛났다.

twist

동 **감다, 꼬다, 비틀다** 명 **뒤틀기**

wind ; to turn

I can **twist** thread into a string.
나는 실을 함께 꼬아서 끈을 만들 수 있다.

type

형 형태, 타입, 양식 동 타자로 치다

a particular kind, class, or group ; group or class of people or things
very like each other)

He is my **type**.
그는 내가 좋아하는 타입이다.

I **typed** a letter for you.
나는 너에게 보내는 편지를 타자로 쳤다.

U/u

ugly

형 찌푸린, 추한, 언짢은, 미운

unpleasant to see ; very unpleasant

The sky has an **ugly** look.
하늘이 잔뜩 찌푸렸다.

I am in an **ugly** mood.
난 기분이 언짢다.

undertake

동 착수하다, 나서다, 약속하다

to take up ; start on work

I **undertook** to complete what he had begun.
나는 그가 시작했던 것을 완성하려고 착수했다.

She **undertook** to pay back the money within six months.
그녀는 6개월 이내에 그 돈을 갚기로 약속했다.

uniform

명 유니폼 형 일정한

a certain type of clothing which all members of a group wear, esp. in the army, a school, or the police

The girls are in **uniform**.
그 소녀들은 교복을 입고 있다.

The buses rushed at a **uniform** speed.
버스들이 일정한 속도로 달렸다.

union

명 단결, 공동, 조합, 연방

the act of joining or state of being joined into one

Union gives(is) strength.
단결은 힘이다.

upright

형 똑바로, 올바른

straight up, esp. habitually ; honest

Hold yourself **upright**.
몸을 똑바로 하여라.

He is **upright** in his dealings.
그는 거래에 공정하다.

urge

동 몰다, 명령하다, 재촉하다, 주장하다

to drive or force ; encourage ; to tell of with force

The hunter **urged** his horse on.
사냥꾼은 그의 말을 몰아냈다.

I **urged** him to obey the rule.
나는 그에게 규칙을 지키도록 강력히 명했다.

urgent

형 절실한, 긴급한

very important and needing to be dealt with quickly or first

I am in **urgent** need of money.
나는 돈이 절실히 필요하다.

on urgent business
급한 일로

urgency 긴급

utter

형 완전한, 철저한 동 말하다, 소리를 내다

complete ; to speak esp. for a short time

He is an **utter** stranger to me.
그는 나로서는 전혀 모르는 사람이다.

She didn't **utter** a word all evening.
그녀는 저녁 내내 한 마디도 하지 않았다.

utterance 말

V/v

vacant

형 빈, 비어 있는

not being used or lived in ; not at present filled

He was **vacant** of human sympathy.
그에게는 인정이 없었다.

His resignation leaves an important post **vacant**.
그의 사임으로 중요한 직책이 하나 빈다.

vanish

동 사라지다

to disappear ; to cease to exist

All the color has **vanished** from the picture.
그 그림은 색이 완전히 바랬다.
The hours **vanish** away.
시간은 사라져간다.

vary

동 변하다, 다르다

to be, make, or become different

The weather **varies** from hour to hour. 날씨는 시시각각 변한다.
The teacher **varies** his teaching materials every year.
그 교사는 해마다 교재를 바꾼다.

variety **명** 다양성, 여러 가지
various **형** 가지각색의

veil

명 장막, 가면, 거짓 **동** ⋯을 덮다

something which covers or hides something else

a veil of darkness 어둠의 장막
wear a veil
베일을 쓰다
The mist **veiled** the hills.
안개가 언덕을 가렸다.

venture

동 걸다, 감히 ⋯하다, 위험을 무릅쓰다

to risk going somewhere or doing something dangerous

He **ventured** his fortune on a single chance.
그는 단 한 번의 기회에 재산을 내걸었다.
Don't **venture** too near the edge of the well.
위험하게 우물 근처에 가지 마라.

verse

명 **시, 운문**

written language in the form of poetry

He put the war into **verse**.
그는 그 전쟁을 시로 묘사했다.

Not all **verse** is great poetry.
모든 운문이 다 훌륭한 시는 아니다.

vessel

명 **둥근 용기, 수레, 선박**

a usu. round container, such as a glass, pot, bucket, or barrel, used esp. for holding liquid

a drinking vessel 물 그릇
Empty **vessels** make the most sound.
빈 수레가 요란하다.

a blood vessel 혈관

violent

형 **격렬한, 폭력의, 격노한**

showing, or produced by great damaging force

There was a **violent** earthquake.
격렬한 지진이 발생했다.

She is in a **violent** temper.
그녀는 매우 격분해 있다.

violence 명 폭력
violate 동 범하다, 위반하다

virtue

명 **미덕, 덕행, 효력**

goodness, nobleness, and worth of character

There is no **virtue** in what he says.
그의 말은 아무런 가치도 없다.

The **virtue** of this drug is temporary.
이 약의 효과는 일시적이다.

visible

형 가시의, 눈에 보이는

that can be seen ; noticeable to the eye

He spoke with **visible** impatience.
그는 초조한 빛을 띠고 이야기했다.

Is he **visible**?
그를 만날 수 있습니까?

vision

명 보기, 시력, 시야

the ability to see

He went out of my **vision**.
그는 내 시야에서 사라졌다.

I have poor **vision**.
나는 시력이 약하다.

volume

명 책, 서적, 량, 성량

a book, esp. one of a set or the same kind ; size or quantity thought of as measurement of the space filled by something ; loudness of sound)

We have Dickens' works in 24 **volumes**.
우리는 모두 24권으로 된 디킨스의 작품을 소장하고 있다.

The **volume** of this container is 10,000 cubic feet.
이 용기의 용적은 10,000 세제곱 피트이다.

voyage

명 배 여행, 항해, 항공여행

a long journey made by boat or ship or in space

He didn't make a **voyage** for a long time.
그는 오랫동안 항해 길에 오르지 않았다.

a voyage to the moon 달에의 우주여행

W/w

wake

동 일어나다, 깨어나다

to cease to sleep

Wake up! 일어나!
What time do you usually **wake** up?
몇 시에 보통 일어나니?

get up
일어나다 *wake up은 잠을 자다가 눈을 떠서 깨는 것이고 get up은 깨어서 잠자리에서 일어나는 것을 나타낸다.

wander

동 돌아다니다, 빗나가다, 횡설수설하다

to move around without a fixed course, aim, or purpose

He **wandered** about all day long.
그는 하루 종일 이리저리 쏘다녔다.

I found my attention **wandering**.
내 주위가 산만해지는 것을 느꼈다.

wave

동 손을 흔들다 명 물결

to move as a signal, esp. in greeting

She **waved** in farewell.
그녀는 작별인사로 손을 흔들었다.

waves of applause
박수의 물결

weary

형 지긋지긋한, 지친

tired

I am **weary** of the same old excuse.
언제나 같은 핑계에 지긋지긋하다.

He was **weary** from too much reading.
그는 책을 너무 읽어 지쳐 있었다.

weave

동 짜다, 만들다, 누비고 나아가다

to make by doing this

She **weaves** flowers into a garland.
그녀는 꽃을 엮어 화환을 만든다.

He **wove** the story.
그는 이야기를 지어냈다.

weave - wove - woven

whirl

동 회전시키다, 빙글 돌리다 **명** 소용돌이

to move around and around very fast

He **whirled** and faced me.
그는 갑자기 뒤돌아 나를 마주 보았다.

the **whirling** dancers
빙빙 도는 무용수들

whisper

동 귓속말하다, 몰래 말하다 **명** 속삭임

to speak very quietly, using the breath but not the voice

They **whispered** against him.
그들은 남몰래 그의 험담을 했다.

Everybody is **whispering** about his drinking habit.
그의 술버릇은 어느 틈에 모두의 화제가 되어 있다.

A/O

B/P

C/Q

D/R

E/S

F/T

G/U

H/V

I/W

J/X

K/Y

L/Z

M

N

witness

동 증언하다 **명** 증거, 증인

to declare the truth of something, as in court

Her red face **witnessed** her embarrassment.
그녀가 얼굴을 붉힌 것은 당황했다는 증거였다.

worship

동 숭배하다

great respect, admiration, etc., esp. to God or a god

the **worship** of idols
우상 숭배

The world **worships** success.
세상은 성공을 찬양한다.

wreck

동 난파시키다 **명** 파산, 파선

to destroy ; the state of being ruined or destroyed

The shore is strewn with **wrecks**.
해안에는 표류물이 흩어져 있다.

The rain made a **wreck** of our outing.
비가 와서 소풍 갈 계획이 어그러졌다.

He **wrecked** himself with dissipation.
그는 방탕으로 몸을 망쳤다.

....

기　　본
숙　　어

be able to

be wrong with

A/a

be able to

…할 수 있다

I'm only too glad to **be able to** help you.
당신을 도울 수 있다는 것은 너무나 기쁜 일이죠.

Will we **be able to** catch the seven-thirty flight?
우리가 7시 30분 비행기를 탈 수 있을까요?

be absent from

결석하다

He has never **been absent from** school.
그는 학교를 결석한 적이 없다.

I **was absent from** school because I caught a cold.
나는 감기에 걸려서 학교에 결석했다.

be absorbed in

…에 열중하다, 몰두하다

What in the world **are** you **absorbed in**?
당신은 도대체 무엇에 그리 골몰하고 있어요?

I **am absorbed in** writing a letter. 나는 편지 쓰기에 몰두해 있다.

be accessible to

…에 접하다

The library **was accessible to** the people.
그 도서관은 사람들이 쉽게 갈 수 있다.

We will choose an example that **is accessible to** everyone.
누구나 다 접할 수 있는 예를 하나 들겠다.

be accustomed to

…에 익숙하다

I **am accustomed to** rising early in the morning.
아침 일찍 일어나는데 익숙하다.

I'm not **accustomed to** being treated like this.
나는 이처럼 취급받는 것에 익숙하지 않다.

be afraid of

…을 두려워하다

He **is afraid of** his own shadow.
그는 자기 그림자를 무서워한다.

be akin to

…와 유사하다, …에 가깝다

Pity **is akin to** love.
연민은 사랑과 유사하다.

Jealousy **is a feeling akin to** envy.
질투는 부러움에 가까운 감정이다.

be alive with

…로 법석대다, 가득 차다, 활기가 넘치다

The pond **was alive with** frogs.
그 연못은 개구리들로 법석댔다.

The crowd **was alive with** excitement.
군중은 흥분으로 들떠 있었다.

be ambitious of

…을 갈망하다

I **was ambitious of** making a name as a writer.
나는 작가로서의 명성을 얻고자 갈망했다.

The statesman **was ambitious of** a power.
그 정치인은 권력을 갈망했다.

be angry at (사건)

…에 화를 내다

She **was angry at** what he said.
그녀는 그가 한 말에 화를 냈다.

She **was angry at** finding the door locked.
그녀는 문이 잠겨 있는 것을 알고 화를 냈다.

be angry at + (사람)

…에게 화를 내다

She **was angry at** the boys for their laziness.
그녀는 소년들이 게으르다고 화를 냈다.

be anxious about

…을 걱정하다, 염려하다

My mother **is anxious about** my health.
어머니는 내 건강을 염려하신다.

I'm very **anxious about** my son's safety.
나는 아들의 안부를 몹시 걱정하고 있다.

be anxious for

…을 갈망하다, 몹시 원하다

We're all **anxious for** peace. 우리 모두는 평화를 갈망한다.

I am **anxious for** a new bicycle. 나는 새 자전거를 몹시 갖고 싶다.

be apt to

…하기 쉽다, …하는 경향이 있다

We **are apt to** be wasteful of time.
우리는 시간을 낭비하기 쉽다.

A man apt to promise **is apt to** forget.
약속을 쉽게 하는 사람은 잊어버리기도 쉽다.

Prices **are apt to** increase.
물가가 오르는 경향이 있다.

be ashamed of

…을 부끄러워하다

You ought to **be ashamed of** yourself.
너는 너 자신이 부끄러운 줄 알아야 한다.

I **am ashamed of** having said such a thing.
그런 말을 한 것이 부끄럽다.

be associated with

…와 관계를 맺다, 공동으로 (함께) 하다, 제휴하다

I **was associated with** him in the enterprise.
그와 공동으로 그 회사를 경영했다.

He has **been associated with** large enterprises.
그는 지금까지 큰 회사들과 제휴해 왔다.

be available for

…에 이용할 수 있다, 쓸모 있다

This card **is available for** a year.
이 카드는 1년간 유효하다.

Professor Kim **is available for** consultation from 9 to 12 every morning.
김 교수님은 매일 오전 9시에서 12시까지 면담에 응하실 수 있습니다.

be aware of

…을 의식하다, 알고 있다

Neither of them **was aware of** the fact.
그들 중 어느 누구도 그 사실을 의식하지 못했다.

I **wasn't aware of** the time. 시간 가는 줄을 몰랐다.

B/b

be beneficial to

…에 도움이 되다, 이롭다, 유익하다

It's fun and **beneficial to** me. 그것은 재미있고 저에게 도움이 됩니다.
Exercise **is beneficial to** your health. 운동은 건강에 이롭다.

be bent on

…에 열중하다, 전념하다

He **is bent on** getting the driver's license.
그는 운전면허를 따는데 열중하고 있다.

He **was bent on** completing the work.
그는 그 일을 완성하려고 열중하고 있었다.

be blind to

…을 깨닫지 못하다, 알지 못하다

She seems to **be blind to** her faults.
그녀는 자기의 잘못을 깨닫지 못하고 있는 것 같아.

Many people **are blind to** their own faults.
많은 사람들이 자기의 결점을 모른다.

be bored with

지루하다, 싫증나다, 지겹다

> I **am bored with** the past. 과거사는 이제 지겹다.
> I'm a little **bored with** studying. 공부하는 게 좀 지루해요.

be born of

…에서 태어나다

> It **was born of** Edison's brain in 1877.
> 그것은 1877년에 에디슨이 발명했다.
>
> He **was born of** a well-to-do family.
> 그는 유복한 가정에서 태어났다.

be born to(into)

…의 상태로 태어나다, …의 가정에 태어나다

> She **was born to(into)** high society.
> 그녀는 상류층 가정에 태어났다.
>
> He **was born to** sorrows. 그는 불운하게 태어났다.

be bound for

…행이다

> Where **is** this bus **bound for**?
> 이 버스는 어디 행이죠?
>
> This plane **is bound for** Chicago. 이 비행기는 시카고행이다.

be burdened with

…을 부담하다, 괴로워하다, (무거운 짐을) 지다, 싣다

> He **was burdened with** duties. 그는 직무에 괴로워하고 있었다.
> He **is burdened with** a heavy debt.
> 그는 무거운 빚을 지고 있다.

be busy with

…로 바쁘다, 분주하다

I **am** too **busy with** this work to see any one.
나는 이 일이 너무 바빠서 아무도 만날 수 없다.

The kids **are busy with** their homework.
아이들은 숙제하느라 바쁘다.

C/c

be capable of

…을 할 수 있다, 가능하다, 하기 쉽다, 능력(재능, 자격)이 있다

He **is capable of** teaching English.
그는 영어를 가르칠 수 있는 능력이 있다.

The poison **was capable of** causing death within a few minutes.
그 독은 몇 초안에 죽음에 이르게 할 수 있다.

He **is capable of** telling a lie.
그는 거짓말을 할 만하다.

be careful with

…을 주의하다, …을 조심해서 다루다, …을 조심하다

Be careful with fire.
단단히 불조심해라.

He **was** very **careful with** the gun.
그는 총을 아주 신중히 다루었다.

be careless of

…에 무관심하다, 개의치 않다

She is careless of her dress.
그녀는 복장에 무관심하다.

I will be careless of the consequence.
나는 결과에 개의치 않을 것이다.

be cautious about

…에 조심하다, 주의를 기울이다, 신중하다

The boy was cautious about asking the question.
그 소년은 질문을 꺼내는 데 있어 아주 조심스러웠다.

The bank is very cautious about lending money.
그 은행은 돈을 빌려주는 데 아주 신중하다.

be certain of

…을 확신하다

I am certain of his honesty.
나는 그가 정직하다는 것을 확신하고 있다.

He was certain of winning the game.
그는 시합에 이길 것이라고 확신했다.

be certain to

확실히 …하다, 틀림없이 …하다

He is certain to come.
그는 틀림없이 온다.

The thief is certain to be caught in time.
그 도둑은 머지않아 반드시 잡힐 거야.

be characteristic of

…의 특성을 나타내다, …다운 일이다

It is characteristic of him to do such a thing.
그런 일을 하다니 참으로 그답다.

That wild speech was characteristic of him.
저런 거친 말씨는 그 사람의 특징이었다.

be clever at

…에 능숙하다, …을 잘한다, 솜씨가 좋다

She is clever at sketching people. 그녀는 초상화를 그리는 솜씨가 좋다.

be close to

…에 가깝다, 근접해있다, …가 다가오다

Their house is quite close to the church.
그들의 집은 교회 가까이 있다.

It's so close to Christmas. 곧 크리스마스가 다가온다.

be compelled to

…하지 않을 수 없다, 강제로(억지로) …하다

He was compelled to ask charity from others.
그는 다른 사람들로부터 자선을 구하지 않을 수 없었다.

I was compelled to leave the place.
아무리 해도 그곳을 떠나지 않을 수 없었다.

be composed of

…으로 이루어지다, 구성되다

The committee is composed of eleven members.
그 위원회는 11명으로 구성되어 있다.

Water is composed of hydrogen and oxygen.
물은 수소와 산소로 이루어져 있다.

be concerned about

걱정하다, 염려하다, 속을 태우다 (=be worried about)

My mother **is** always **concerned about** me.
어머니는 항상 나에 대해서 염려하신다.

I'm a bit **concerned about** your health.
나는 너의 건강에 대해 조금 걱정하고 있다.

be concerned with(in)

…에 관계하다, …에 관련되다

He **is** not **concerned with** the crime.
그는 그 범죄와 관련이 없다.

be confronted with

…에 직면하다, 부닥치다

We **are** now **confronted with** great difficulties.
우리는 이제 큰 어려움에 직면해 있습니다.

be conscious of

…을 의식하다, …라는 것을 자각하다, 깨닫다

He isn't even **conscious of** annoying his neighbors.
그는 자기가 이웃에게 피해를 주고 있다는 것조차 깨닫지 못하고 있다.

I **am conscious of** the importance of matter.
나는 그 일의 중요함을 알고 있다.

be considerate of

이해를 잘하다, 이해심(동정심, 인정)이 많다

We should **be considerate of** the comfort of the old people.
우리는 노인들에게 위안을 주는 것에 대해 잘 이해해야 한다.

He **is** not sufficiently **considerate of** others.
그는 남에 대한 이해심이 많지 않다.

be consistent with

⋯와 모순이 되지 않다, ⋯와 일치하다

It **is** not **consistent with** what you said.
그것은 당신이 했던 말과 일치하지 않습니다.

The theory **is** not **consistent with** the fact.
그 이론은 사실과 모순된다.

be content with

⋯에 만족하고 있다

Are you **content with** your present salary?
당신은 현재의 봉급에 만족하십니까?

He **is content with** what he has.
그는 자기가 가진 것에 만족해하고 있다.

be convinced of

⋯을 확신하다

At first everybody **was convinced of** his innocence.
처음에는 모두가 그의 무죄를 확신했다.

I **wasn't convinced of** the truth of what she was saying.
나는 그녀가 말하고 있는 것이 진실이라고 확신할 수 없었다.

be cross with

⋯에 화를 내다

I **am cross with** the teacher.
나는 그 선생님에게 화가 나 있다.

My mother **is cross with** me if I leave the kitchen in a mess.
어머니는 내가 부엌을 어질러 놓으면 나에게 화를 내신다.

be crowded with

…으로 붐비다, 혼잡하다, 만원이다

The bus **is** always **crowded with** passengers by this time.
버스는 이때쯤이면 항상 승객으로 만원이다.

The hospital **was crowded with** a lot of patients.
병원은 많은 환자들로 붐비고 있었다.

be curious about

…에 호기심이 강하다, 알고 싶어하다, 궁금해 하다

In fact there is one thing I**'m curious about**.
사실 제가 궁금한 게 한 가지 있습니다.

A child **is** naturally **curious about** how things work.
어린아이는 물건들이 어떻게 해서 움직이는가에 대해 당연히 호기심을 가진다.

be curious to

…하고 싶어 하다

He **was curious to** know what had become of her.
그는 그녀가 어떻게 되었는지 알고 싶어 했다

I **am curious to** see if it was still there.
나는 그것이 아직 그곳에 있는지 없는지 보고 싶었다.

D/d

be dead to

(…에 대한) 감수성이 없다, 무감각하다, 마음을 움직이지 않다

That man **is dead to** human pity.
저 남자는 자비심이 없다.

She **is dead to** all sense of honor.
그녀는 전혀 염치가 없다.

be deaf of(in)

귀가 들리지 않다, 귀가 멀었다

The old woman **is deaf of** an ear.
저 노인은 한쪽 귀가 멀었다.

be deaf to

…을 들으려 하지 않다, 귀를 기울이지 않다, 무관심하다

The headmaster **was deaf to** their complaints.
교장은 그들의 불평에 귀를 기울이지 않았다.

be delighted at

…을 듣고 매우 기뻐하다, 즐거워하다

I'm **delighted at** your success.
당신이 성공하셔서 기쁩니다.

She **was delighted at** receiving so many letters of congratulation.
그녀는 축하편지를 잔뜩 받고 몹시 기뻐했다.

be dependent on

…에 좌우되다, 결정되다, …에게 의지(의존)하다, (남에게) 얹혀살고 있다

He is still **dependent on** his parents.
그는 아직도 부모에게 의존하고 있다.

Success **is dependent on** how hard you work.
성공은 당신이 얼마나 열심히 하느냐에 달려있다.

be desirous of

…을 원하다, 열망하다

He **was desirous of** pulling the house down and building a new one.
그는 그 집을 헐고 새 집을 짓고 싶어 했다.

Are you **desirous of** traveling to London?
당신은 런던을 여행하기를 열망합니까?

be desirous to

…하기를 간절히 바라다

He **was desirous to** see his father immediately.
그는 당장 아버지를 만나고 싶어 했다.

They **were desirous to** learn something of its nature.
그들은 그것의 성질에 대하여 뭔가를 알고 싶어 했다.

be destined to

…할 운명이다

They **were** never **destined to** meet again.
그들은 다시는 만나지 못할 운명이었다.

A human being **is destined to** die.
인간은 결국 죽을 운명에 있다.

be devoted to
헌신하다, …에 전념하다

My aunt is absolutely **devoted to** her cats.
나의 숙모는 그녀의 고양이들에게 아주 헌신적이다.

be different from
…와 다르다

My opinion is **different from** yours. 내 의견은 당신 의견과 다르다.
This is quite **different from** any other book of his.
이 책은 그가 쓴 다른 책과는 아주 다르다.

be disappointed at
…에 낙담하다, 실망하다

I'm very **disappointed at** my children.
나는 아이들에게 매우 실망했다.

The candidate was **disappointed at** the outcome of the election.
그 후보자는 선거 결과에 실망했다.

be disposed to
…하고 싶은 마음이 생기다

He was **disposed to** think so. 그는 그렇게 생각하고 싶었다.
I am **disposed to** agree with you. 나는 당신의 의견에 찬성하고 싶다.

be due to
…때문이다, …탓이다, …에 기인하다

The company's failure was mainly **due to** bad management.
그 회사가 파산한 것은 주로 잘못된 경영 탓이었다.

His death was **due to** an accident.
그의 죽음은 사고에 의한 것이었다.

E/e

be empty of

…이 없다, …이 빠져 있다

> The room **was empty of** furniture. 그 방에는 가구가 없었다.
> I'd never imagined someone's life could **be** so **empty of** happiness.
> 나는 누군가의 삶에 그처럼 행복이 빠져 있을 것이라고는 결코 생각해본 적이 없었다.

be engaged in

…에 종사하다, 관여하다, …를 하느라 바쁘다

> They **are engaged in** transportation industries.
> 그들은 운수업에 종사하고 있다.
>
> He **is engaged in** writing a novel.
> 그는 소설을 쓰느라 바쁘다.

be envious of

…을 부러워하다, 질투하다

> I'm **envious of** your success. 저는 당신의 성공이 부럽습니다.
> I **was** never **envious of** anything you had.
> 나는 네가 가진 어떤 것도 부러워한 적이 없다.

be equal to

…할 능력(역량)이 있다, 감당할 수 있다

> She **is** not **equal to** making a long trip.
> 그녀는 긴 여행을 감당할 수 없다.
>
> I don't think you'**re equal to** the task.
> 나는 당신이 그 일을 감당할 수 없을 것이라고 생각합니다.

be equivalent to

…와 동등하다, 필적하다

It **is equivalent to** an affront to myself.
그것은 나에 대한 모욕과 같다.

His presence would **be equivalent to** an army.
그가 이 자리에 있으면 한 부대와 맞먹을 것이다.

be essential to

…에 필수적이다, 주요하다

Impartiality **is essential to** a judge.
공평은 법관에게 없어서는 안 되는 것이다.

Good food and moderate exercise **are essential to** good health.
좋은 음식과 적당한 운동은 건강에 필수적이다.

be excellent in

…에 뛰어나다, 탁월하다

She **is excellent in** writing English.
그녀는 영어 쓰기에 뛰어나다.

He **is excellent in** golf.
그는 골프에 뛰어나다.

F/f

be faithful to

…에 충실하다, 진실하다

He **is faithful to** the performance of his duties.
그는 그의 의무를 행하는 데 충실하다.

I've never **been faithful to** a women.
난 여자들에게 진실해 본 적이 없다.

be familiar to

…에 잘 알려지다, 눈(귀)에 익다

Your name **is familiar to** me.
당신의 이름은 익히 듣고 있습니다.

This proverb **is familiar to** us. 이 속담은 우리에게 잘 알려져 있다.

be familiar with

…을 잘 알다, 정통하다

He **is familiar with** the Scriptures.
그는 성서에 정통하다.

I'm not **familiar with** this area.
난 이곳이 좀 낯설어.

be famous for

…로 유명하다, 잘 알려져 있다

What's Seoul **famous for**? 서울은 무엇으로 유명한가요?

The park **is famous for** its cherry blossoms.
그 공원은 벚꽃으로 유명하다.

be far from

결코 …이 아니다

She **is far from** a fool.
그녀는 결코 바보가 아니다.

I **am far from** blaming you for it.
나는 그것에 대해 너를 결코 비난하는 게 아니다.

be fearful of

…을 두려워하다, 걱정하다

I **was fearful of** committing an error at the stage.
나는 무대에서 실수를 저지를까봐 두려웠다.

I **am fearful of** wakening the baby.
나는 아기를 깨우지나 않을까 걱정하고 있다.

be fed up with

…에 진저리가 나다, 싫증나다

I'm **fed up with** your selfishness.
너의 이기적인 태도에 진절머리가 난다.

I'm **fed up with** hamburger.
나는 햄버거에 질렸어요.

be fit for

…에 적격이다, 능히 할 수 있다, …에 적합하다

He **is** just **fit for** a job as interpreter.
그는 통역 일에 아주 적임이다.

This book **is fit for** the beginners.
이 책은 초보자들에게 적합하다.

be fond of

…을 좋아하다

They **are fond of** each other.
그들은 서로 좋아하고 있다.

All his family **were fond of** talking.
그의 가족은 모두가 이야기하기를 좋아했다.

be forced to

…하지 않을 수 없다

We **were** all **forced to** comply with his request.
우리는 모두 그의 요청에 따르지 않을 수 없었다.

He **was forced to** admit the deceit.
그는 억지로 허위를 시인하지 않을 수 없었다.

be free from

…이 없다, …을 하지 않다, …을 면하다

I **am free from** care and anxiety now.
나는 이제 걱정이 없다(마음이 편하다).

The streets **are free from** dust.
그 거리들은 먼지가 없다.

This yogurt **is free from** artificial preservatives.
이 요구르트는 인공 방부제가 전혀 없습니다.

be fresh from

…에서 갓 나오다, …에서 방금 오다

He's **fresh from** the army.
그는 군대에서 갓 제대했다.

be friendly with

…와 사이가 좋다, 친하다

I would like to **be friendly with** him.
나는 그와 친해지고 싶다.

Why **are you friendly with** those fellows?
너는 왜 저 녀석들과 친하게 지내는 거야?

be full of

…이 가득하다

The box **was full of** apples.
그 상자에는 사과가 가득했다.

He **is full of** confidence.
그는 자신감에 가득 차 있다.

G/g

be glad of

…에 기뻐하다

I **am glad of** an opportunity of obliging you.
당신을 도와줄 기회를 기쁘게 생각합니다.

We'd **be glad of** the chance to meet her.
우리는 그녀를 만날 기회가 생겨 기쁘다.

be good at

…을 잘하다

> She **is good at** swimming.
> 그녀는 수영을 잘한다.

be good for

…에 좋다, (약이 질병 등에) 잘 듣다

> This **is good for** relief from fatigue.
> 이건 피로 해소에 좋습니다.

> Cigarettes **are** not **good for** your health.
> 담배는 건강에 좋지 않다.

> A hot bath would **be good for** you.
> 뜨거운 물로 목욕하는 것은 당신에게 좋을 것입니다.

be guilty of

…죄를 범하다

> She claims the company **is guilty of** falsifying her accounts.
> 그녀는 그 회사가 그녀의 말을 왜곡하는 죄를 저질렀다고 주장한다.

> He has **been guilty of** murder.
> 그는 살인죄를 저질렀다.

H/h

be hard up for

…에 쪼들리다, 바닥나다, 결핍되다

If you are **so hard up for** friends, why don't you join a club?
친구가 그렇게 없다면, 클럽에 가입하는 것이 어떻겠니?

He **is** always **hard up for** money a week after a payday.
그는 월급날의 1주일 후에는 언제나 돈에 쪼들리고 있다.

be harmful to

…에 해롭다

Polluted air **is harmful to** plants and animals.
오염된 공기는 식물과 동물에 해롭다.

These chemicals are known to **be harmful to** people with asthma.
이 화학물질들은 천식이 있는 사람들에게는 해롭다고 알려져 있다.

be hostile to

…에 적대적이다, 반대하다, 대립하다

He **was hostile to** women's right.
그는 여성의 권리에 대해서 적대적이다.

I **am** not **hostile to** the idea of moving house.
나는 집을 옮기자는 생각에 대해서 반대하지 않아요.

I·J·K

A/O

B/P

C/Q

D/R

E/S

F/T

G/U

H/V

I/W

J/X

K/Y

L/Z

M

N

be ignorant of

…을 모르다, 지식이 없다, 눈치 채지 못하다

I **am ignorant of** the reason for their quarrel.
나는 그들이 싸운 이유를 모르겠어.

She **was ignorant of** the time.
그녀는 시간가는 줄을 모르고 있었다.

be impatient for

…하기를 간절히 바라다, 몹시 기다리다

I **am impatient for** the ship's arrival.
배가 지겹게도 안 오는군.

She **was impatient for** his arrival.
그녀는 그가 도착하기를 초조하게 기다렸다.

be incompatible with

…와 서로 맞지 않다, 조화되지 않다

He **is incompatible with** his parents.
그는 부모님들과 서로 맞지 않는다.

be indebted to

…에게 빚지다, …에게 은혜를 입다, …의 덕이다

His success **is indebted to** good luck more than to ability.
그의 성공은 능력보다는 행운의 덕분이다.

I **am indebted to** you for your help during my illness.
제가 아팠을 때 당신의 덕을 봤습니다.

be independent of

…에서 독립하다, …과는 별개이다, 관계가 없다

I learned to **be independent of** my parents when I was young.
나는 어려서부터 부모님한테서 자립하는 것을 배웠다.

Be independent of all the support you've given me.
당신이 제게 해주신 모든 지원과는 별개로 하십시오.

be indifferent to

…에게 무관심하다, …에 개의치 않다, …에게 냉담하다, 아무래도 좋다

How can you **be** so **indifferent to** the sufferings of these children?
너는 어찌하여 이 아이들의 고통에 그토록 냉담할 수가 있니?

She **is indifferent to** her dress.
그녀는 옷차림에 무관심하다.

The time for starting **is indifferent to** me.
출발시간은 어느 때라도 좋다.

be indispensable for

…에 필수 불가결하다, 절대로 필요하다, 없어서는 안 된다

Fertile soil **is indispensable for** agriculture.
농사에는 비옥한 토지가 꼭 필요하다.

This guidebook **is indispensable for** the traveller to Southern Italy.
남부 이탈리아로 가는 여행자들에게 이 가이드북은 없어서는 안 된다.

be inferior to

…보다 열등하다, 못하다

Foreign tea **is inferior to** home-grown in flavor.
외국산 차는 맛에 있어서 국산 것보다 못하다.

His position **is inferior to** mine.
그의 지위는 나보다 낮다.

be innocent of

(…의) 죄가 없다, 결백하다

He firmly believes that she **is innocent of** the crime.
그는 그녀가 결백하다고 굳게 믿고 있다.

He **is innocent of** the crime. 그는 죄를 저지르지 않았다.

be intended for

…의 용도에 쓰도록 꾀하다, …으로 예정하다

The cake **was intended for** the party.
그 케이크는 파티에 쓸 생각이었다.

Is this portrait **intended for** me? 이 초상화를 나한테 줄 생각이니?

be interested in

…에 관심을 갖다, 흥미를 가지다

I think he **is interested in** me. 그 사람이 저한데 관심이 있는 것 같아요.
I **am interested in** what you have to say.
당신이 무슨 말씀을 할지 흥미가 있군요.

be jealous of

…을 시기하다

She **is jealous of** her friend's success.
그녀는 친구의 성공을 시기하고 있다.

He **is jealous of** my marks. 그는 나의 성적을 시샘하고 있다.

be known to

(…에) 알려지다

Her kindness **is known to** everyone.
그녀가 친절하다는 것은 누구나 다 알고 있다.

His name **is** well **known to** the world.
그의 이름은 세상에 잘 알려져 있다.

A/O
B/P
C/Q
D/R
E/S
F/T
G/U
H/V
I/W
J/X
K/Y
L/Z
M
N

L/l

be lacking in

…이 부족하다, 결핍되다

Those children **are lacking in** parental care.
그 아이들은 부모의 보살핌이 부족하다.

He **is** sadly **lacking in** intelligence. 그는 머리가 몹시 나쁘다.

be late for

…에 늦다

What if we **are late for** the class?
만일 수업에 늦으면 어떻게 하지요?

I'd better go now or I'll **be late for** class.
지금 가는 게 좋겠어, 그렇지 않으면 수업에 늦을 거야.

be liable for

…에 대한 책임이 있다

He declared that he **was** not **liable for** his wife's debts.
그는 아내의 부채에 대한 법적 책임이 없다고 주장했다.

He **is liable for** damage.
그는 손해 배상의 책임이 있다.

be likely to

…할 것 같다

She **is** the most **likely to** succeed.
그녀가 가장 성공할 가능성이 많은 사람입니다.

It **is likely to** rain so why don't you take an umbrella.
비가 올 것 같으니 우산을 가져가세요.

M/m

be made from

…로 만들어지다

Wine **is made from** grapes.
포도주는 포도로 만들어진다.

Paper **is made from** trees.
종이는 나무로 만들어진다.

be made of

…으로 이루어지다

The house **is made of** wood.
그 집은 목조이다.

That **is made of** plastic.
저것은 플라스틱으로 이루어져 있다.

be master of

…에 정통하다, …을 마음대로 할 수 있다, 지배하다

One must **be master of** one's circumstances.
사람은 환경을 극복해 나가야 한다.

He **is master of** several languages.
그는 여러 개 언어에 능통하다.

N/n

be necessary to

…에 필요하다, 없어서는 안 되다, 필수적이다

Sleeping **is necessary to** the health. 수면은 건강에 필수적이다.

Food **is necessary to** life. 음식은 생존하는데 없어서는 안 된다.

be noted for

…로 유명하다, 알려지다

He **is** not **noted for** industry.
그는 부지런하다고 알려져 있지 않다.

Gyungju **is noted for** Bulguk temple.
경주는 불국사로 유명한 도시다.

O/o

be obliged to

…에게 감사하다, 할 수 없이 …하게 되다, …하지 않을 수 없다

I **am** much **obliged to** you for your kindness.
친절히 대해주셔서 당신에게 정말 감사드립니다.

He will **be obliged to** follow our orders.
그는 우리 명령에 따르지 않으면 안 될 것이다.

I **was obliged to** go at once. 나는 당장 가지 않을 수 없었다.

be occupied in

…에 종사하다

He **is** now **occupied in** editing a magazine.
그는 지금 잡지 편집하는 일에 종사하고 있다.

They **are occupied in** building new roads.
그들은 새로운 도로를 만드는 일에 종사하고 있다.

be open to

…을 받기 쉽다, 면할 수 없다, 받아들이기 쉽다

That statement **is open to** contradiction.
그 진술은 반박의 여지가 있다.

His remark **is open to** misunderstanding.
그의 발언은 오해를 받기 쉽다.

P•Q

be particular about

…에 까다롭다, 매우 세심하다

She **is** very **particular about** the kitchen, everything has to be perfectly clean and in its place.
그녀는 부엌에 대해서는 매우 세심하다, 모든 것은 철저하게 깨끗해야 하고 제자리에 있어야 한다.

Jane **is particular about** her dress.
제인은 의상에 까다롭다.

be patient of

…을 참아내다, 견디어낼 수 없다

Some people **are patient of** wrong done to them.
자신에게 가해진 부당한 행위를 참는 사람들도 있다.

He **was** very **patient of** my nervousness.
그는 나의 신경질을 아주 참을성 있게 받아주었다.

be peculiar to

…특유의 것이다, …에만 속하다

The Kangaroo **is peculiar to** Australia.
캥거루는 호주에만 있다.

This style **is peculiar to** Hemingway.
이러한 문체는 헤밍웨이 특유의 것이다.

be persuaded of

…을 확신하다, 믿다, 납득하다

I **am persuaded of** his innocence.
나는 그의 결백을 믿고 있다.

She **was persuaded of** its futility.
그녀는 그것이 소용없는 일임을 확신하고 있었다.

be pleased with

…에 기뻐하다, 마음에 들어 하다

He **was** very **pleased with** our present.
그는 우리의 선물을 무척 마음에 들어 했다.

His parents **were** very **pleased with** his success.
그의 부모님은 그의 성공을 무척 기뻐했다.

be popular among

···사이에 평판이 좋다, 인기 있다

That doctor **is** very **popular among** his patients.
저 의사는 자신의 환자들 사이에서 매우 평판이 좋다.

The singer **is** pretty **popular among** teenagers.
그 가수는 10대들 사이에서 꽤 인기가 좋다.

be possessed of

···을 소유하다

He **is possessed of** a fortune.
그는 큰 재산을 가지고 있다.

Human being **is possessed** of physical, social, religious, intellectual and moral capabilities.
인간은 신체적, 사회적, 종교적, 지적, 도덕적 능력을 가지고 있다.

be present at

···에 출석하다

How many people **were present at** the meeting yesterday?
어제 회의에는 몇 명이 출석했습니까?

He **was present at** the opening ceremony.
그는 개회식에 참석했다.

be proud of

···을 자랑하다, 자랑스럽게 여기다

That's not something to **be proud of**.
그건 자랑할게 아닌 거 같은데.

Are you all **proud of** yourselves?
모두들 자기 자신이 자랑스럽니?

be quick at

…이 재빠르다, 이해(습득)가 빠르다, 영리하다

His spelling is poor but he's **quick at** figures.
그는 철자 쓰기는 형편없지만 계산은 재빠르다.

She **was quick at** understanding what we wanted her to do.
그녀는 우리가 그녀에게 바랐던 것을 빨리 이해했다.

R/r

be ready to

기꺼이 …하다, 막 …하려고 하다

I **am ready to** undertake any work.
나는 어떤 일이든 기꺼이 맡겠다.

We **are ready to** give our cooperation.
언제든지 기꺼이 협력하겠습니다.

The baby **is ready to** cry.
그 아이는 금방이라도 울음을 터뜨릴 것 같다.

be reckless of

…을 개의치 않다, 신경을 쓰지 않다

He **is reckless of** danger.
그는 위험을 예사롭게 여긴다.

She **is reckless of** her parents' wishes.
그녀는 부모의 희망 따위에 개의치 않는다.

be relative to

…와 관련되다, …에 비례하다

Supply **is relative to** demand.
공급은 수요에 비례한다.

Your arguments **are** not **relative to** this problem.
당신의 주장은 이 문제와 관련이 없다.

be relevant to

…와 관계가 있다

Her personal history **is relevant to** her novels.
그녀의 소설은 그녀의 개인적인 경험과 관련이 있다.

What you are saying **is** not **relevant to** the matter we are discussing.
당신이 말하고 있는 것은 우리가 토의하는 안건과 관계가 없다.

be reluctant to

…하기를 꺼려하다, 마지못해 …하다

The thief **was reluctant to** admit his guilt.
도둑은 마지못해 자신의 죄를 인정했다.

They **were reluctant to** help us.
그들은 우리를 돕기를 꺼려했다.

be respectful of

…을 존중하다

We should **be respectful of** other people's opinions.
우리는 다른 사람들의 의견을 존중해야 합니다.

He taught his children to **be respectful of** other cultures.
그는 그의 아이들에게 다른 문화들을 존중하라고 가르쳤다.

A/O

B/P

C/Q

D/R

E/S

F/T

G/U

H/V

I/W

J/X

K/Y

L/Z

M

N

be rich in

···이 풍부하다

You'll **be rich in** love.
당신은 사랑으로 풍요롭게 될 것입니다.

The province **is** relatively **rich in** mineral resources.
그 지방은 광물 자원이 비교적 풍부하다.

S/s

be sensitive to

···에 예민하다, 민감하다

On the whole, the elite **are** not **sensitive to** criticism.
대개 엘리트들은 비판에 민감하지 않다.

She **is** very **sensitive to** cold.
그녀는 추위를 매우 잘 탄다.

be short for

···의 단축형 이다, ···의 생략형이다

Is the name Nick **short for** anything?
닉이라는 이름은 무엇의 약자입니까?

'Tec' **is short for** 'detective'.
Tec은 detective의 단축형이다.

be short of

…이 모자라다, 미치지 못하다, 이르지 못하다

They told me they **were short of** hands.
그들은 일손이 모자란다고 말했어요.

I'**m short of** money.
돈이 모자랍니다.

be sick and tired of

…에 정말로 진력이 나다, 넌더리가 나다

I've been studying all day, and I'**m sick and tired of** it.
종일 공부를 했더니 넌더리가 나는군요.

I'**m sick and tired of** her.
그녀라면 이제 진절머리가 난다.

be sick for

…을 그리워하다

I **am sick for** the sea I have seen there last year.
작년에 그 곳에서 보았던 바다가 그립다.

She says that she **is sick for** her native land everyday.
그녀는 매일 고향이 그립다고 말한다.

be sick of

…가 싫어지다, 질리다

These days I'**m** very **sick of** my routine days.
요즘 일상생활에 너무 싫증나요.

I **was sick of** hearing her talk about her daughter.
나는 그 여자가 딸 자랑하는 것에 질렸어요.

be similar to

…와 유사하다, 비슷하다

Your watch **is similar to** mine in shape and color.
너의 시계는 모양과 색깔이 내 시계와 비슷하다.

My opinions on the matter **are similar to** his.
그 문제에 대한 내 의견은 그의 의견과 비슷하다.

be sorry for

미안하게 생각하다, 유감으로 여기다

I **am sorry for** causing so much trouble.
폐를 끼쳐서 죄송합니다.

I **am sorry for** you but isn't it your fault?
유감이지만 네가 잘못한 거잖아?

be subject to

…에 따르다, 지배하에 있다; …을 하기 쉽다

The citizens of a country **are subject to** its laws.
한 나라의 국민은 그 나라 법률의 지배를 받는다.

He **is subject to** fits of anger.
그는 화를 잘 내는 성미다.

Men **are subject to** temptation.
인간은 유혹을 받기 쉽다.

The schedule **is subject to** change.
시간상 변동이 있을 수 있습니다.

be suitable for

…에 적합하다

These shoes **are** not **suitable for** walking.
이 신발은 산책용으로는 맞지 않는다.

His speech **was suitable for** the occasion.
그의 연설은 그 행사에 어울리는 것이었다.

A/O
B/P
C/Q
D/R
E/S
F/T
G/U
H/V
I/W
J/X
K/Y
L/Z
M
N

be surprised at

…에 놀라다

Are you **surprised at** the news? 그 소식을 듣고 놀랐나요?
I **am surprised at** you wanting a man like that.
너는 저런 남자가 좋다니 놀랍구나.

T•U

be thankful to

…에게 감사하다

I **am** extremely **thankful to** him for his help.
그의 도움을 받아서 그에게 정말로 고맙게 생각한다.

I **am thankful to** you for your favors.
호의를 베풀어 주신 데 대해 감사드립니다.

be true to

…에 일치하다, 충실하다, 성실하다

He **is true to** his principles. 그는 자기가 정한 원칙에 충실하다.
Are you **true to** your New Year's resolution?
신년의 계획은 성실히 지키고 있습니까?

be used to

…에 익숙하다

These men **are used to** danger. 이 남자들은 위험에 익숙해 있다.
I **am used to** doing without breakfast.
나는 아침 식사를 하지 않고 지내는 것에 익숙하다.

W/w

be well-known to

…에 잘 알려지다

This book **is well-known to** everybody.
이 책은 모두에게 잘 알려져 있다.

This proverb **is well-known to** us.
이 속담은 우리에게 잘 알려져 있다.

be willing to

기꺼이 …하다, …하는 것을 꺼리지 않다

How much **are** you **willing to** pay?
얼마 정도면 사실 생각이십니까?

I **am willing to** follow you.
함께 가도 상관없습니다.

be wrong with

…에 이상이 생기다, 고장이 나다

Something must **be wrong with** the heating system.
난방시설에 뭔가 이상이 생긴 게 틀림없어요.

What'**s wrong with** you?
무슨 일이 있니?

우 선
숙 어

according as

year after year

A/a

according as

⋯에 따라서, ⋯의 조건으로, 만일 ⋯이면

According as the demand increases, prices go up.
수요가 증가함에 따라 가격은 오른다.

According as I have money, I'll go there.
돈이 있으면 거기에 가겠다.

according to

⋯에 의하면, ⋯에 따라

According to the weather report, it will rain tomorrow.
일기예보에 따르면 내일 비가 올 것이다.

The charges vary **according to** the type of call you make.
요금은 거시는 전화 종류에 따라 다릅니다.

again and again

몇 번이고, 되풀이하여

He makes the same mistakes **again and again**.
그는 되풀이해서 같은 실수를 저지른다.

I've told you **again and again**, don't play soccer near the windows!
내가 몇 번이고 너에게 얘기했지, 창문 근처에서 축구를 하지 말라고!

ahead of

⋯보다 먼저(앞에), ⋯의 앞에

I arrives ten minutes **ahead of** schedule.
나는 예정보다 10분 일찍 도착했다.

He could see **ahead of** him a narrow gate.
그는 자기 앞쪽에 좁은 문을 볼 수 있었다.

all at once

동시에, 한꺼번에; 갑자기

> They ran away **all at once**.
> 그들은 모두 함께 달아났다.
>
> **All at once** the sky became dark and it started to pour.
> 갑자기 하늘이 어두워지고 비가 쏟아지기 시작했다.

all but

거의, 대부분

> I had **all but** abandoned hope.
> 나는 거의 희망을 버렸었다.
>
> He is **all but** dead.
> 그는 죽은 것이나 다름없다.

all in all

완전한 것, 둘도 없이 소중한 것; 총계해서, 대체로

> They are **all in all** to each other.
> 그들은 서로가 없어서는 안 되는 사람들이다.
>
> She has her faults, but **all in all** she is a good teacher.
> 그녀에게도 결점은 있지만 대체로 그녀는 좋은 교사다.

all of a sudden

갑자기, 별안간, 느닷없이

> **All of a sudden**, it started to pour.
> 느닷없이 비가 퍼붓기 시작했다.
>
> **All of a sudden** I remembered I had left something at home.
> 집에 물건을 두고 온 일이 갑자기 생각났다.

all one's life

한평생, 평생토록

He had worked **all his life** in the mine.
그는 평생토록 광산에서 일했다.

I will remain single **all my life**.
나는 한평생 독신으로 지낼 것이다.

all the same

그렇지만, 그래도, 역시; 아무래도 좋은, 중요하지 않은

I shall go **all the same**.
그래도 나는 가야겠다.

He has many faults, but I like him **all the same**.
그에게는 여러 가지 결점이 있지만 나는 그래도 그가 좋다.

It's **all the same** to me whether you pass the exam or not.
네가 시험에 합격하든 말든 내게는 중요하지 않다.

all the year round

일 년 내내

The work will take **all the year round**.
그 일은 일 년 내내 걸릴 것이다.

He is badly off **all the year round**.
그는 일 년 내내 쪼들리고 있다.

along with

…와 함께, …에 더하여

Do you want to come **along with** us?
우리와 함께 갈래요?

I sent it **along with** the other things.
나는 그것을 다른 물건들과 함께 보냈다.

and all

그 밖에 모두, …까지 다해서, 기타 모두

How much do you want for these birds, cage and all?
이 새들과 새장까지 다 해서 얼마입니까?

They are the whole fish; bones, tail, head, and all.
그들은 생선 전체를, 뼈, 꼬리, 머리까지 다 먹었다.

and no mistake

틀림없이, 정말, 확실히, 분명히

He is a fool and no mistake!
그는 정말로 바보야.

He's a strange guy and no mistake.
그는 확실히 이상한 녀석이야.

and so on

기타, 등등, 따위

They asked my age, my name, and so on.
그들은 내 나이, 이름 따위를 물었다.

We bought buckets, pots, plates, and so on.
우리는 물통 , 냄비, 접시 등등을 샀다.

and yet

그렇지만, 그래도, 그럼에도 불구하고

I offered them still more, and yet they were not satisfied.
나는 그 이상 내겠다고 말했는데도 그들은 만족하지 않았다.

She says she's a vegetarian and yet she eats chicken.
그녀는 자신이 채식주의자라고 말하면서도 닭고기를 먹는다.

anything but

…이외는 무엇이든지; 결코…이 아닌

I will give you **anything but** this ring.
이 반지 이외에는 무엇이든 줄게요.

He is **anything but** a hero.
그는 결코 영웅이라고 할 수 없다.

She looked **anything but** happy.
그녀는 아무리 봐도 행복한 것 같지 않았다.

apart from

…은 제쳐놓고, 별도로 하고

Apart from joking, what do you mean to do?
농담은 그만두고, 너는 무얼 할 작정이니?

Apart from you and me, I don't think there was anyone there under thirty.
당신과 나 말고, 그곳에 30세 이하인 사람은 없는 것 같아요.

as follows

다음과 같이, 다음처럼

Combine the ingredients **as follows**.
내용물을 다음과 같이 결합하시오.

Her words were **as follows**.
그녀의 말은 다음과 같았다.

as for me

나는 (어떤가 하면), 나로서는

As for me, I have nothing to say about it.
나로서는 그것에 대해 아무 의견도 없습니다.

He was thrilled, **as for me**, I got used to the idea.
그는 가슴이 설렜다. 나는 어떤가 하면, 그 생각에는 익숙해 있었다.

as good as one's word

약속을 잘 지키는

He said he'd see what he could do, and he was **as good as his word**.
그는 자신이 무엇을 할 수 있을지 알아보겠다고 말했고, 약속을 지켰다.

He was **as good as his word** and helped his brother's family.
그는 약속을 지켜 형제의 가족을 도와주었다.

as likely as not

아마도, 모르면 모르되

He will fail **as likely as not**.
그는 아마 실패할 것이다.

It's **as likely as not** that I may succeed.
어쩌면 나는 성공할지도 모른다.

as much as to say

마치 …라고 말하기라도 하듯이

He shrugged, **as much as to say** he wasn't interested.
그는 마치 관심이 없다고 말하기라도 하듯이 어깨를 으쓱했다.

He looked **as much as to say** "get out."
그는 마치 "나가."라고 말하기라도 하듯이 보였다.

as regards

…에 관해서 …의 점에서는

I cannot agree with you **as regards** that.
그것에 관해서는 네게 동의할 수 없다.

There is no problem **as regards** the financial arrangements.
재무 계획에 관해서는 문제가 없습니다.

as to

…에 관하여, …에 관해서는, …에 따라서

I don't know anything **as to** his past career.
나는 그의 이전경력에 대해서는 전혀 모른다.

As to myself, I am not satisfied.
나로서는 납득이 안 간다.

Sort out the eggs **as to** size and color.
달걀을 크기와 빛깔에 따라서 골라내라.

as yet

지금으로서는, 아직은

I have received no answer from **as yet**.
아직은 그로부터 회답을 받지 못했다.

The matter has not been settled **as yet**.
그 문제는 아직 해결되지 않고 있다.

at the same time

동시에; …에도 불구하고, …이긴 하지만

Kate and I went to live in Spain **at the same time**.
케이트와 난 동시에 스페인에 살려고 갔다.

His jokes are insulting, but, **at the same time**, very funny.
그의 농담은 모욕적이긴 하지만 한편 매우 우스운 데도 있다.

B/b

back to back

등을 맞대고; 잇따라, 연속적으로

Stand **back to back** and we'll see who is taller.
등을 맞대고 서봐, 그러면 누가 더 키가 큰지 알 수 있을 거야.

The children became ill **back to back**.
아이들이 잇따라 병이 났다.

back and forth

앞뒤로; 좌우로; 여기저기에, 왔다갔다

He was pacing **back and forth** in the waiting room.
그는 대기실에서 왔다 갔다 하고 있었다.

The shuttle bus runs **back and forth** between the airport and the downtown area.
셔틀버스는 공항과 시내 사이를 운행한다.

badly off

살림살이가 곤란한, 궁핍한, 가난한

He seems to be **badly off** these days.
그는 요즘 돈이 쪼들리는 것 같다.

They were rather **badly off** in the first years of their marriage.
그들은 결혼 초에는 다소 살림이 궁핍했다.

because of

…때문에

He had to retire **because of** ill health.
그는 건강이 나빠서 은퇴해야 했다.

She's very upset and it's all **because of** you.
그녀는 지금 매우 화가 났는데 그건 다 너 때문이야.

bit by bit

조금씩, 차차

I saved up the money **bit by bit**.
나는 조금씩 돈을 저축했다.

Prices are going up **bit by bit**.
물가가 조금씩 오르고 있다.

but for

…이 없으면, …이 없었더라면

But for your help, I could not have done that.
너의 도움이 없었더라면 나는 그것을 할 수 없었을 거야.

But for his idleness, he would be a good man.
게으르지만 않다면 그는 좋은 사람인데.

by and by

머지않아, 곧, 가까운 장래에

You will find happiness **by and by**.
너는 머지않아 행복을 찾게 될 거야.

By and by her anxiety was eased.
곧 그녀의 불안감은 가라앉았다.

by leaps and bounds

비약적으로, 급속도로

The company seems to be growing **by leaps and bounds**.
그 회사는 비약적으로 성장하고 있는 것 같다.

Her German has improved **by leaps and bounds** this term.
그녀의 독일어 실력은 이번 학기에 급속도록 향상되었다.

E・F・G

(every) now and again

때때로, 이따금

He comes to see me **now and again**.
그는 이따금 나를 보러 온다.

I hear from him **now and again**.
나는 이따금 그로부터 소식을 듣는다.

(every) now and then

때때로, 가끔

I see him **now and then** at lunch time.
때때로 점심 식사 때 그를 만났다.

Every now and then they have a beer together.
때때로 그들은 함께 맥주를 마신다.

except for

…을 제외하고, …이외에는

The dress is ready **except for** the buttons.
옷은 단추 다는 일만 남고 다 만들어졌다.

I like all the animals **except for** snakes.
뱀을 제외하고 나는 거의 모든 동물들을 좋아한다.

face to face

얼굴을 맞대고, 마주 대하여

I'd like to talk to you **face to face** instead of on the phone.
나는 전화로 말고 당신과 마주보고 이야기하고 싶어요.

We came **face to face** at a street corner.
우리는 길모퉁이에서 대면하게 되었다.

generally speaking

일반적으로 (말해서), 대체로, 대개

Well, **generally speaking**, it's quicker on public transport.
글쎄요, 대체로, 대중교통을 이용하는 것이 더 빠르죠.

Generally speaking, it is wrong to tell a lie.
일반적으로 거짓말하는 것은 나쁘다.

H/h

hand in hand

손에 손을 잡고, 손을 맞잡고, 함께; 협력하여

They always walked **hand in hand**.
그들은 항상 손을 잡고 걸었다.

They strolled **hand in hand** through the flower garden.
그들은 손을 잡고 화원을 거닐었다.

here and there

여기저기에서(의), 이곳저곳에, 군데군데에

Violets are blooming **here and there** in the field.
제비꽃이 들판 여기저기에 피어있다.

Similar cases occurred **here and there**.
비슷한 사건이 여기저기에서 일어났다.

high and low

모든 곳을(에(서)), 샅샅이, 도처에

We looked **high and low** for Kate but couldn't find her.
우리는 케이트를 찾아 모든 곳을 살폈지만 그녀를 찾지 못했다.

I've been searching **high and low** for that shoe and I still can't find it.
나는 그 신발을 찾아 샅샅이 뒤졌지만 아직도 못 찾고 있다.

A/O

B/P

C/Q

D/R

E/S

F/T

G/U

H/V

I/W

J/X

K/Y

L/Z

M

N

I・J・L

if anything

(비교급과 함께) 조금이라도 차이가 있다면, (크게 차이는 없지만) 조금은, 어느 편인가 하면

His condition is , **if anything**, better than in the morning.
그의 병세는 오전보다는 조금 나은 편이다.

If anything she looked rather less than her age.
어느 편인가 하면 그녀는 나이보다 젊어 보였다.

instead of

···대신에, ···아니라, ···하지 않고

Could I have tuna **instead of** ham?
햄 대신에 참치를 넣어도 될까요?

We should do something **instead of** just talking about it.
우리는 그것에 대해 얘기만 할 게 아니라 무엇인가 해야 한다.

(it's) no wonder

조금도 놀랍지 않다, 당연하다, 무리가 아니다

No wonder you've got a headache, the amount you drank last night.
지난 밤 네가 마신 술의 양을 보면 머리가 아픈 것이 당연하다.

It's no wonder that he did not like to return.
그가 돌아가기 싫어한 것은 조금도 이상할 것이 없다.

judging from

…로 판단컨대, …로 미루어 보아

Judging from his appearance, he must be a cheat.
그의 외모로 판단컨대, 그는 사기꾼임에 틀림없다.

Judging from his accent, he must be a foreigner.
말투로 보아 그는 분명 외국인이다.

let alone

…은 물론, …은 말할 것도 없고

He hasn't enough money for food, let alone amusements.
그는 유흥비는 말할 것도 없고 식비도 충분치 않다.

The baby can't even crawl yet, let alone walk!
그 아기는 걷는 것은 물론 아직 기는 것조차 못한다.

little by little

조금씩, 점차로

Little by little the patient improved.
환자는 조금씩 나아졌다.

Little by little he became a good boy.
점차로 그는 착한 아이가 되었다.

M/m

more and more

더욱 더, 점점 더

The crowd is growing **more and more**.
군중은 더욱 더 불어나고 있다.

It gets **more and more** difficult to understand what is going on.
무슨 일이 일어나고 있는지 이해하는 것이 점점 더 어려워진다.

more often than not

대개, 자주, 빈번히

During foggy weather the trains are late **more often than not**.
안개가 낀 날씨에는 열차가 늦는 일이 빈번하다.

More often than not he stayed away.
그는 출석하지 않은 쪽이 오히려 많았다.

more or less

다소, 얼마간; 거의, 대략; (부정문에서) 전혀

The project was **more or less** a success.
그 계획은 거의 성공이었다.

Most people are **more or less** selfish.
대부분의 사람은 다소 이기적이다.

The trip will take ten days **more or less**.
그 여행은 대략 10일 정도 걸릴 것이다.

He could not change his mind, **more or less**.
그는 전혀 자기 생각을 바꾸지 않았다.

N/n

needless to say

말할 나위도 없이, 물론

Needless to say, we'll pay your expenses.
물론 우리가 당신의 비용을 지불하겠어요.

Needless to say, tobacco is poisonous and smoking does great harm to the health.
두 말할 필요 없이, 담배는 몸에 해로운 것이고 흡연은 건강을 크게 해치고 있다.

not to mention

···은 말할 것도 없고

He is one of the most intelligent, **not to mention** handsome, people I know.
그는 잘 생긴 것은 물론이고, 내가 알고 있는 가장 총명한 사람 중의 한 명이다.

We were served French champagne, **not to mention** the usual cocktails.
우리는 보통 칵테일은 말할 것도 없고 프랑스산 샴페인도 대접받았다.

not to say

···은 아니더라도, ···이라고까지는 말하지 않더라도

It would be silly, **not to say** mad, to sell your car.
너의 차를 파는 건 미친 짓이라고 까지는 않더라도 어리석은 일일 것이다.

He is extremely frugal, **not to say** stingy.
그는 인색하다고 까지는 말하지 않더라도 무척 알뜰하다.

not to speak of

…은 말할 것도 없고, 물론

She can dance, **not to speak of** singing.
그녀는 노래는 물론이고 춤도 출 수 있다.

He has been to Europe, **not to speak of** America.
그는 미국은 물론이고 유럽에도 간 적이 있다.

now or never

지금이야말로 (절호의 기회이다)

Now or never is the time to try it.
지금이야말로 그것을 해볼 때다.

Now or never is the time for us to rouse themselves to action.
지금이야말로 우리가 일어나서 행동에 옮길 때다.

O/o

on and off (off and on)

불규칙적으로, 가끔

He's been smoking for10 years now, **on and off**.
그는 10년째 가끔 담배를 피운다.

I've had toothache **on and off** for a couple of months.
나는 두 달 동안 가끔 치통을 앓았다.

on and on

줄곧, 계속하여, 자꾸, 잇따라

He went **on and on** till he came to a river.
그는 강에 다다를 때까지 계속해서 나아갔다.

On and on the tide of progress and freedom flowed.
계속해서 진보와 자유의 물결이 밀려들었다.

once upon a time

옛날 옛적에, 일찍이(옛이야기의 첫 머리말)

Once upon a time you used to be able to leave your front door unlocked.
옛날에는 현관문을 잠그지 않고 다닐 수 있었다.

Once upon a time a farmer planted a little seed in his garden, and after a while it sprouted and became a vine.
일찍이 한 농부가 밭에 작은 씨를 심었는데, 그 후 그것은 자라서 포도나무가 되었단다.

once(and) for all

이번뿐, 단호히, 이것을 마지막으로

I told him that he must stop, **once for all**, coming to our house.
나는 그에게 두 번 다시 우리 집에 오지 말라고 말했다.

I will explain the matter fully **once for all**.
이 건에 대하여 마지막으로 한 번만 더 상세히 설명하겠다.

one after another

차례차례, 잇따라, 꼬리를 물고

I can happily have chocolates **one after another** until the box is finished.
나는 상자가 바닥날 때까지 행복하게 초콜릿을 차례차례 먹었다.

Houses were burnt down **one after another**.
집들이 차례차례 불타 버렸다.

A/O
B/P
C/Q
D/R
E/S
F/T
G/U
H/V
I/W
J/X
K/Y
L/Z
M
N

one and all

모두, 한 사람 남김없이

The party was enjoyed by **one and all**.
모든 사람이 한결같이 그 파티를 즐겼다.

The bride was welcomed by the family, **one and all**.
신부는 가족 모두에게 환영받았다.

over and above

…에 더하여, …외에, 게다가 또

Over and above this consideration, there is another I wish to mention.
이러한 생각 이외에 내가 언급하고 싶은 게 하나 더 있다.

Over and above the weekly pay, he earned $20 by side job.
그는 주급 외에 부업으로 20달러를 벌었다.

over and over (again)

몇 번이고, 되풀이 하여

The only way to learn the script is to say it to yourself **over and over again**.
대본을 익히는 유일한 방법은 스스로 몇 번이고 되풀이 하여 그것을 말하는 것이다.

owing to

…때문에

I could not come **owing to** another engagement.
나는 다른 약속이 있어서 올 수 없었다.

His death was **owing to** an accident.
그의 죽음의 원인은 사고 때문이었다.

P/p

P

preparatory to

…에 앞서서, …의 준비로서

The partners held several meetings **preparatory to** signing the agreement.
협력업체는 계약을 체결하기에 앞서 몇 번의 만남을 가졌다.

He studied hard **preparatory to** the examinations.
그는 시험 준비를 위해 열심히 공부했다.

previous to

…에 앞서서

I had written **previous to** calling.
나는 전화하기 전에 앞서서 편지를 써 보냈다.

Did you test it **previous to** buying it? 그것을 사기 전에 시험해 보았니?

R/r

rain or shine

날씨에 관계없이, 어떤 일이 있어도

Don't worry, we'll be there, **rain or shine**.
어떤 일이 있어도 우리는 거기에 갈 것이니 걱정하지 마라.

Rain or shine, I will call on you at the appointed time.
비가 오든 해가 나든 반드시 약속 시간에 찾아가겠습니다.

round and round

빙글빙글

The thought kept going **round and round** in his head.
그 생각이 그의 머릿속에서 계속 뱅뱅 맴돌았다.

S/s

side by side

나란히, 병행하여, 협력하여, 늘어놓아

Two bottles stood **side by side** on the shelf.
병 두 개가 선반에 나란히 놓여있다.

We walked along the beach **side by side**.
우리는 나란히 해변을 따라 걸었다.

sooner or later

머지않아, 언젠가는, 조만간

If he continues drinking, **sooner or later** he will lose his job.
금주를 하지 않으면 그는 머지않아 실직할 것이다.

You will hear good news **sooner or later**.
너는 머지않아 좋은 소식을 들을 것이다.

step by step

한 걸음 한 걸음, 점차, 착실히

Step by step one goes a long way. 천리 길도 한 걸음부터.
He taught me **step by step** how to swim.
그는 내게 수영하는 법을 착실히 가르쳐 주었다.

strictly speaking

엄격히 (엄밀히) 말하자면

> **Strictly speaking,** you ought not to have left your post.
> 엄밀히 말하자면 자네는 자신의 담당부서를 떠나서는 안 되는 것이었다.

> **Strictly speaking,** spiders are not insects, although most people think they are.
> 대부분의 사람들이 거미는 곤충이라고 생각하지만 엄밀히 말하면 아니다.

T/t

ten to one

십중팔구는

> **Ten to one** he won't come here. 십중팔구 그는 여기 오지 않을 거야.
> **Ten to one** she doesn't even bother to telephone us.
> 그녀는 십중팔구 전화조차도 걸지 않을 것이다.

thanks to

…의 덕분에; …덕택에, … 때문에

> **Thanks to** his help, I could succeed.
> 그의 도움덕분에 나는 성공할 수 있었다.

there and back

왕복으로

> Can we go **there and back** in a day?
> 그곳은 우리가 당일로 갔다 올 수 있습니까?

> The journey's not too bad, only four hours **there and back**.
> 여행은 그리 나쁘지 않아요, 왕복으로 고작 4시간인 걸요.

through and through

철저히, 속속들이, 철두철미

He is an honest fellow **through and through**.
그는 철저하게 정직한 사람이다.

My mother is Irish **through and through**.
나의 엄마는 철저한 아일랜드 사람이다.

through thick and thin

갖은 고난을 무릅쓰고, 때를 가리지 않고, 시종일관

We'll back you up **through thick and thin**.
우리는 무슨 일이 있더라도 너를 도울 것이다.

You believed in me **through thick and thin**.
그 어떤 어려움에도 당신은 나를 믿어 주었어요.

to and fro

여기저기, 이리저리, 앞뒤로

The vessel was rolling **to and fro** at the mercy of the waves.
그 배는 파도에 좌우되어 이리저리 흔들리고 있었다.

Children are running **to and fro** in the park.
어린이들이 공원에서 이리저리 뛰어다니고 있다.

to be sure

확실히, 과연 …이지만

She is right, **to be sure**, but I just can't accept it.
과연 그녀의 말이 옳기는 하지만, 나는 그것을 받아들일 수가 없다.

To be sure, she is not beautiful , but she is clever.
확실히 그녀는 미인은 아니지만 영리하다.

to do ~ justice

…를 공평하게 평가 한다면

To do him justice, he is a good-natured man.
공평하게 평가하자면, 그는 선량한 사람이다.

To do her justice, we must say that she is a good teacher.
공평하게 말하자면 우리는 그녀가 훌륭한 교사라고 말하지 않을 수 없다.

to make matters worse

설상가상으로

To make matters worse, gas ran out.
설상가상으로 가스가 다 떨어졌다.

He was unkind and, to make matters worse, dishonest.
그는 불친절한 데다 설상가상으로 정직하지 않았다.

to say nothing of

…은 말할 것도 없고, …은 고사하고

It would be an enormous amount of work, to say nothing of the cost.
그것은 비용은 말할 것도 없고, 작업량도 엄청날 것이다.

It was a complete waste of time, to say nothing of all the stress and bother!
그건 스트레스와 고생은 말할 것도 없고, 완전히 시간 낭비였다.

to tell (you) the truth

사실대로 말하자면

To tell the truth, I do not like to go with him.
사실을 말하자면, 그와 동행하고 싶지 않아.

To tell the truth, I don't understand a word of what he is saying.
솔직히 말해서, 나는 그가 하는 말을 한 마디도 이해하지 못해.

U/u

up against

(곤란, 장애 등에) 직면하여, 부딪혀, 맞붙어

He came **up against** a lot of problems with his previous boss.
그는 그의 예전 상사와 많은 문제로 부딪혔다.

I am **up against** great difficulties now.
나는 지금 큰 어려움에 직면해 있다.

up and about(around)

(환자가 나아) 일어나서, 병상을 떠나서

She is now **up and about** again.
그녀는 이제 전처럼 건강이 회복되었다.

I'm rested to health and I'll be **up and about** next week.
나는 건강이 회복되어서 다음 주쯤이면 자리에서 일어날 수 있을 것이다.

up and down

오르내리고, 위아래로, 여기저기, 이리저리

I saw him pacing moodily **up and down**.
나는 그가 시무룩한 표정으로 왔다 갔다 하는 것을 보았다.

I went **up and down** the stairs ten times a day.
나는 하루에 열 번이나 계단을 오르내렸다.

W/Y

weather permitting
날씨만 좋으면

I'm playing golf this afternoon, **weather permitting**.
날씨만 좋으면 나는 오후에 골프를 칠 것이다.

We will start tomorrow, **weather permitting**.
날씨만 좋으면 우리는 내일 출발할 거야.

with all
…에도 불구하고

With all her faults, she is a great man.
결점은 있지만 그래도 그녀는 위대한 사람이다.

With all his ability, the painter lived in obscurity.
재능이 있는데도 불구하고 그 화가는 불우했다.

year after year
해마다, 매년

Imports are increasing **year after year**.
수입은 해마다 증가하고 있다.

He seems to be growing more sagacious **year after year**.
그는 매년 현명해져 가는 듯하다.

토실토실 영단어 영숙어

핵심숙어

abandon oneself to

work oneself to death

A/a

abandon oneself to

…에 빠지다, …에 사로잡히다

He **abandoned himself to** grief hearing the news.
그는 소식을 듣고 비탄에 빠졌다.

She will **abandon herself to** despair sooner or later.
그녀는 곧 자포자기에 빠질 거야.

adapt oneself to

…에 적응하다

She couldn't **adapt herself to** eating bread every day.
그녀는 매일 빵을 먹는 일에 적응할 수가 없었다.

He couldn't **adapt himself to** a new job.
그는 새로운 직업에 적응할 수 없었다.

addict oneself to

…에 빠지다, 탐닉하다

He **addicted himself to** heroin at the age of 14.
그는 14세의 나이에 헤로인에 탐닉했다.

I **addict myself to** horror films.
나는 공포 영화에 빠져 있다.

address oneself to

진지하게 착수하다, 열심히 하다

He **addressed himself to** the business at hand.
그는 당면한 일에 착수했다.

He now **addressed himself to** the task of searching the room.
그는 이제 방을 찾는 일에 본격적으로 착수했다.

amuse oneself with

···을 갖고 놀다, ···을 하며 즐기다

He **amused himself with** games.
그는 게임을 하며 즐겼다.

I **amused myself with** a magazine while I was on the train.
나는 기차를 타는 동안 즐겁게 잡지를 읽었다.

apply oneself to

···에 온 힘을 기울이다, 전념하다

She **applied herself to** the study of English.
그녀는 영어 공부에 전념하였다.

He has **applied himself to** his study for about a month.
그는 거의 한 달 동안 연구에 온 힘을 기울이고 있다.

ask a favor of

···에게 부탁을 하다

Actually, I am writing today to **ask a favor of** you.
실은 오늘 부탁할 일이 있어서 이렇게 편지를 드립니다.

Can I **ask a favor of** you?
당신에게 부탁 하나 드려도 될까요?

assert oneself

(사물이) 저절로 명백해지다, 나타나다, 자기를 내세우다

Justice will **assert itself**.
정의는 저절로 명백해진다(사필귀정).

Nature will **assert herself**.
본성은 저절로 드러나는 것이다.

attach importance to

…을 중요시하다

The mother **attached** too much **importance to** her youngest son.
어머니는 막내아들을 매우 중요시 했다.

Don't **attach** too much **importance to** what he said.
그가 한 말에 너무 많은 중요성을 부여하지 마라.

attach oneself to

…을 사랑하다, 애착을 갖다

Cats **attach themselves to** places, and dogs to people.
고양이는 장소에 애착심을 가지고 개는 사람에게 애착을 갖는다.

I deeply **attach myself to** England.
나는 영국을 깊이 사랑하고 있다.

avail oneself of

…을 이용하다, 쓰다

I am sorry I cannot **avail myself of** your help.
유감이지만 당신의 도움을 받아들일 수 없습니다.

You must **avail yourself of** this opportunity.
너는 이 기회를 이용해야 한다.

B/b

A/O

B/P

C/Q

D/R

E/S

F/T

G/U

H/V

I/W

J/X

K/Y

L/Z

M

N

bear ~ in mind

···을 명심하다, 마음에 새겨두다

You must **bear** his advice **in mind**.
너는 그의 충고를 마음에 새겨두어야 한다.

It must be **borne in mind** that success depends on exertions.
성공은 노력에 달려있다는 것을 명심해야 한다.

bear fruit

결실을 맺다

He will **bear fruit** of his labor.
그는 노동에 대해 좋은 결과를 얻을 것이다.

I am sure that his study will **bear fruit**.
나는 그의 연구가 결실을 맺을 것이라고 확신한다.

bear oneself

행동하다, 처신하다

He has **borne himself** with great dignity.
그는 당당하게 행동해왔다.

I **bear myself** well in spite of my misfortune.
나는 불행에 처해서도 기가 꺾이지 않고 꿋꿋이 처신하고 있다.

beat about the bush

요점을 회피하다, 말을 빙빙 돌리다

Don't **beat about the bush**!
돌려 말하지 말고 요점을 말해!

Stop **beating about the bush** and give us your final decision.
요점을 회피하지 말고 최종 결정을 내려주세요.

beg one's pardon

죄송합니다, 죄송합니다만 다시 한 번 말씀해주십시오

> I beg your pardon.
> 실례지만 다시 한 번 말씀해 주세요.

> I beg your pardon, but I think not.
> 실례입니다만, 저는 그렇지 않다고 생각합니다.

behave oneself

처신하다, 예의 바르게 행동하다

> He behaved himself like a man.
> 그는 남자답게 행동했다.

> Behave yourself in public.
> 사람들 앞에서는 얌전하게 굴어라.

betray oneself

실수로 본성(본심, 비밀)을 드러내다

> Anger has made him betray himself.
> 그는 화가 나자 본성을 드러냈다.

> She betrayed herself being driven into a corner.
> 그녀는 궁지에 몰리자 본심을 드러냈다.

bid farewell to…

에게 작별인사를 하다

> I am very sorry to bid farewell to you.
> 당신과 헤어지게 되어서 매우 섭섭합니다.

> He bade farewell to his friend.
> 그는 그의 친구에게 작별인사를 했다.

blot one's copybook

명성에 흠가는 짓을 하다, 이름(경력)을 더럽히다

He **blotted his copybook** by making a mistake.
그는 실수를 함으로써 명성에 흠집을 냈다.

I've **blotted my copybook** by forgetting an important meeting at work.
나는 업무상 중요한 회의를 잊어버림으로써 내 이름에 먹칠하는 짓을 저질렀다.

blow one's own trumpet

자화자찬하다

She tends to **blow her own trumpet** sometimes.
그녀는 가끔 자기 자랑을 늘어놓는 경향이 있단 말이야.

He **blows his own trumpet**.
그 사람 허풍쟁이에요.

blow one's top

벌컥 화를 내다

She **blew her top** because I arrived late.
내가 늦게 와서 그녀는 벌컥 화를 냈다.

He **blew his top** when I called him names.
그는 내가 욕을 했을 때 버럭 성을 냈다.

break ~ into pieces

···을 산산이 부서지게 하다

The thieves got in by **breaking** a window **into pieces**.
도둑들은 창문을 산산조각 내고 침입했다.

She threw a glass and **broke** it **into pieces**.
그녀는 컵을 던져서 박살냈다.

A/O

B/P

C/Q

D/R

E/S

F/T

G/U

H/V

I/W

J/X

K/Y

L/Z

M

N

break one's heart

가슴이 찢어지는 심정이 되다, 크게 슬퍼하다

I **broke my heart** from disappointed love.
나는 실연으로 슬픔에 잠겼다.

It's **breaking my heart** that you're leaving.
네가 떠난다니 내 마음이 아프다.

break one's neck

목뼈를 부러뜨리다; 몹시 노력하다

The path was really ice and I was lucky I didn't **break my neck**.
길이 거의 얼음처럼 미끄럽지만 다행히 목뼈가 부러지진 않았다.

Don't **break your neck** on the work.
그 일 때문에 너무 무리하지 말게.

break one's word

약속을 어기다

I didn't want to **break my word**.
나는 약속을 어기고 싶지는 않았어.

He did not **break his word**.
그는 약속을 어기지 않았다.

breathe one's last

숨을 거두다, 죽다

He **breathed his last** a few months ago.
그는 몇 달 전에 죽었다.

It has been five years since he **breathed his last**.
그가 죽은 지 5년이 된다.

bring ~ to a standstill

중지하다, 중지시키다

> Fighting and shortages have **brought** normal life **to a** virtual **standstill** in the city.
> 전쟁으로 인한 물자부족으로 도시에서의 정상적인 생활이 실질적으로 중지되었다.
>
> Strikers **brought** production **to a standstill**.
> 파업 참가자들은 생산을 중지했다.

bring(call) ~ to mind

…을 상기하다, …을 생각나게 하다

> She **brings** my mother **to mind**.
> 그녀를 보면 나의 어머니가 생각난다.
>
> I couldn't quite **call** his name **to mind**.
> 나는 완전히 그의 이름을 생각해낼 수가 없었다.

bring(put) ~ into effect

…을 발효하다, …을 시행하다

> It won't be easy to **bring** the changes **into effect**.
> 그 변화들을 시행하는 것은 쉽지 않을 것이다.
>
> When do they **bring** the new driving laws **into effect**?
> 언제 새로운 운전 법령을 발효합니까?

C/c

carry oneself

(어떤) 자세를 유지하다(취하다); 처신하다, 행동하다

She **carried herself** haughtily at the meeting all the time.
그녀는 모임에서 줄곧 거만하게 행동했다.

Carry yourself better. 자세를 좀 더 똑바로 해라.

catch fire

불이 붙다, 타기 시작하다

The chemical element **caught fire** with a brilliant light.
그 원소는 현란한 빛을 내며 타기 시작했다.

His imagination started to **catch fire**.
그의 상상력에 불이 붙기 시작했다.

catch sight of

…이 눈에 띄다, …을 (언뜻) 보다, 발견하다

She **caught sight of** her son in the crowd.
그녀는 군중 속에서 아들을 발견했다.

I **caught sight of** the boy who was trying to hide behind a hedge.
나는 울타리 뒤로 숨으려는 그 소년을 언뜻 보았다.

come into a fortune

재산을 상속하다

She **came into a fortune** from her grandmother.
그녀는 할머니로부터 재산을 상속받았다.

He **came into a** great **fortune**.
그는 막대한 재산을 상속받았다.

come into contact with

…와 접촉하다, 연락하다, 마주치다

Don't let that glue come into contact with your skin.
접착제가 피부에 닿지 않도록 하세요.

As he is a diplomat, he comes into contact with many people.
그는 외교관이어서 많은 사람들과 접촉한다.

We must always come into contact with new books.
우리는 항상 새로운 책을 접해야 한다.

come into effect

효력을 발하다

The new law comes into effect next month.
새 법률은 내달에 시행된다.

The new seat-belt regulations came into effect.
새로운 안전벨트 규정이 발효되었다.

come into existence

태어나다, 성립되다, 출현하다

When did the world come into existence?
이 세계는 언제 생겨났을까?

Scientists have many theories about how the universe first came into existence.
과학자들은 우주가 처음에 어떻게 출현하였는지에 대하여 많은 이론을 가지고 있다.

come into fashion

유행하게 되다, 유행하기 시작하다

Mini skirts have come into fashion.
미니스커트가 유행하기 시작하였다.

His ideas are coming back into fashion again these days.
그의 사상이 요즘 다시 유행하기 시작하고 있다.

come into use

쓰이게 되다

New printing techniques have recently **come into use**.
새로운 인쇄기술이 최근 사용되게 되었다.

This room **came into use** as my study.
이 방은 내 서재로 쓰이게 되었다.

come of age

성년이 되다

When did he **come of age**?
그는 언제 성년이 됐지?

Because I didn't **come of age** yet, I can't watch this movie.
나는 아직 성년이 되지 않았기 때문에 이 영화를 볼 수 없다.

come to a halt

멈추다, 정지하다

Please remain seated until the aircraft has **come to a halt**.
비행기가 완전히 멈출 때까지 자리에 계속 앉아있어 주십시오.

He slammed on the brake and the car hardly **came to a halt**.
그가 브레이크를 꽉 밟아서 차는 겨우 멈추었다.

come to an end

(다 써서) 없어지다, 끝나다, 멈추다

All good things must **come to an end**.
좋은 일도 다 끝이 있게 마련이다.

The world is **coming to an end**.
말세예요, 말세.

The story **comes to an end** in a crowded climax.
파란만장한 절정에서 이야기는 끝나게 된다.

A/O

B/P

C/Q

D/R

E/S

F/T

G/U

H/V

I/W

J/X

K/Y

L/Z

M

N

come to blows over

싸움을 하다

We used to **come to blows over** a trifling thing.
우리는 사소한 일로 싸우곤 했다.

They almost **came to blows over** the last sausage.
그들은 마지막 소시지를 두고 거의 싸웠다.

come to mind

생각이 떠오르다

We needed someone to look after the kids, and your name **came to mind**.
우리는 아이들을 돌볼 사람이 필요했는데, 너의 이름이 떠올랐다.

I just wrote what **came to mind**.
그냥 생각나는 대로 썼어요.

come to nothing

헛수고가 되다, 아무 소용도 없다

The scheme has **come to nothing**.
그 계획은 수포로 돌아갔다.

So much effort and planning and it's all **came to nothing**.
그토록 많은 노력과 계획과 그 모든 것들이 다 허사가 되었다.

come to one's senses

제 정신으로 돌아오다, 의식을 회복하다

He won't **come to his senses**.
그는 의식을 회복하지 못할 것이다.

Now you **come to your senses**.
이제야 정신이 드시는군요.

come to terms with

…을 인정하다, 받아들이다, 체념하다, 타협하다

It's hard to **come to terms with** being unemployed.
실직한 것을 인정하는 것은 어려운 일이다.

We must **come to terms with** the covenant.
우리는 그 계약을 받아들여야 한다.

come to the conclusion (that)

(…라는) 결론에 달하다

We **came to the conclusion that** the ideology was behind the times.
우리는 그 이데올로기가 시대에 뒤떨어졌다는 결론에 도달했다.

Did you **come to** any **conclusions** at the meeting this morning?
오늘 아침 회의에서 어떤 결론을 내렸습니까?

come to the point

요점에 도달하다, 요점을 언급하다

Come to the point at once!
단도직입적으로 말씀하세요!

His speech was interesting but he never really **came to the point**.
그의 연설은 재미있었지만, 결코 요점을 언급하지는 못했다.

come(be brought) to light

밝은 데에 드러내다, 폭로하다

More information on the problem has **been brought to light**.
그 문제에 관한 더 많은 정보가 드러나고 있다.

New evidence has recently **come to light**.
새로운 증거가 최근에 드러났다.

command a fine view

내려다보다, 전망이 좋다

> We have a room **commanding a fine view** of Seoul.
> 서울을 잘 볼 수 있는 좋은 방이 있습니다.
>
> The house **commands a very fine view**.
> 이 집에서는 정말 멋진 경치를 바라볼 수 있다.

commit oneself to

꼼짝 못할 입장에 빠지다, 몸(행동)이 구속되다, 언질을 주다;
전념하다, 약속하다, 맹세하다

> He refused to **commit himself to** any sort of promise.
> 그는 어떠한 약속도 하려고 하지 않았다.
>
> She had **committed herself to** helping him.
> 그녀는 그를 돕겠다고 약속했었다.
>
> If you want to be an actor, you have to really **commit yourself to** it.
> 만약 배우가 되고 싶다면 정말로 그 일에 전념해야 한다.

count for much

귀중하다, 중요하다

> Your promises don't **count for much**.
> 너의 약속은 중요하지 않다.
>
> He **counts for much** among us.
> 그는 우리 사이에서 매우 중요하다.

cry oneself to

울다가 …되다

> She **cried herself to** sleep.
> 그녀는 울다가 지쳐 잠이 들었다.
>
> I **cried myself to** become husky.
> 너무 울어서 목이 쉬었다.

cut a (fine) figure

두각을 나타내다, (좋은) 인상을 주다, (남을) 매혹하다

He **cut a** brilliant **figure** on the stage.
그는 무대에서 두각을 나타냈다.

The young soldier **cut a fine figure** in his smart new uniform.
그 젊은 군인은 말끔한 새 제복을 입어 좋은 인상을 주었다.

D/d

deliver oneself of

(의견 따위를) 말하다, 진술하다

She started to **deliver herself of** an opinion.
그녀는 의견을 말하기 시작했다.

He finally **delivered himself of** his true heart.
그는 마침내 그의 진심을 토로했다.

devote oneself to

···에 바치다, 헌신하다, ···에 전념하다

He **devoted himself to** his sick wife.
그는 병든 아내를 위해 헌신했다.

She decided to **devote herself to** the study of physics.
그녀는 물리학 연구에 전념하기로 결심했다.

distinguish oneself

이름을 떨치다, 유명하다

He **distinguished himself** in battle.
그는 전투에서 수훈을 세웠다.

She **distinguishes herself** in her profession.
그녀는 자기 직업에서 이름을 떨치고 있다.

do ~ a favor

···의 부탁을 들어주다

Would you **do** me **a favor**, please?
한 가지 부탁을 드려도 될까요?

Can you **do** me **a** personal **favor**?
개인적인 부탁 하나 들어주시겠어요?

do ~ justice

···을 공정히 평가하다, 실물을 잘 나타내고 있다

To **do** him **justice**, he is a good-natured man.
공정하게 그를 판단하면, 그는 선량한 사람이다.

This picture does not **do** you **justice**.
이 사진에는 당신이 생긴 대로 나오질 않았군요.

The courts **do** the people **justice**.
법원은 국민을 공평하게 재판한다.

do credit to

···의 명예가 되다, ···를 명예롭게 하다

The book **does** no **credit to** the writer.
그 책은 저자의 명예가 되지 않는다.

She **does credit to** the team.
그녀는 그 팀을 명예롭게 했다.

do one's best
최선을 다하다

Do your best being with me.
있을 때 잘해라.
Whatever you do, you must do your best.
너는 무슨 일을 하든지 최선을 다해야 한다.
I like doing your best in anything.
나는 네가 무엇이든 최선을 다하는 것이 좋아.

do one's duty
임무를 다하다

Let others say what they will, I will do my duty.
나는 남들이 뭐라고 할지라도 내 할 일은 다 하겠다.
England expects every man to do his duty.
영국은 국민 각자가 자기 본분을 다할 것을 기대한다.

do the sights of
…의 명소를 구경하다

We did the sights of Gyungju.
우리는 경주를 둘러보았습니다.
Shall we do the sights of Insadong?
인사동을 구경해 보는 게 어때?

dress oneself in
옷을 입다

She dressed herself in black.
그녀는 상복을 입었다.
He dressed himself in a wedding suit.
그는 예복을 차려 입었다.

E/e

earn one's living
생활비를 벌다

She **earns her living** out of singing.
그녀는 노래를 불러서 생계를 이어가고 있다.

I **earned my living** mainly from teaching.
나는 주로 가르쳐서 생활비를 벌었다.

enjoy oneself
즐기다, 즐겁게 보내다

Did you **enjoy yourself** at the concert?
음악회는 즐거웠습니까?

He is **enjoying himself** at the seaside.
그는 해변에서 즐겁게 지내고 있다.

exert oneself
노력하다

I hope you will **exert yourself** in the work.
나는 네가 그 일에 노력하기를 바란다.

He **exerted himself** to attain his object.
그는 목적 달성을 위해 노력했다.

explain oneself

변명하다 …을 분명히 밝히다, 본심을 털어놓다

She **explained herself** that she was late on account of the bus strike.
그녀는 버스파업 때문에 지각했다고 변명했다.

Explain yourself why you told a lie.
왜 거짓말을 했는지 변명해봐.

Please allow me to **explain myself**.
제가 분명히 말씀드리겠습니다.

express oneself

나타내다, 의사 표시를 하다

I can't **express myself** very well in English.
영어로 제 의사를 충분히 표현할 수가 없습니다.

Young children often have difficulty **expressing themselves**.
어린아이들은 종종 의사 표시를 할 때 어려움을 겪는다.

F/f

fall a victim to

…의 희생물이 되다, …의 밥이 되다

He **fell a victim to** his own ambition.
그는 자신의 야망의 희생물이 되었다.

In 1948, Gandhi **fell a victim to** a member of a Hindu gang.
1948년에 간디는 힌두교 갱단의 한 멤버에게 희생되었다.

fall in love with

…을 사랑하게 되다

He seriously **fell in love with** someone for the first time in his life.
그는 일생 처음으로 진지하게 누군가를 사랑하게 되었다.

I **fell in love with** her at first sight.
나는 첫눈에 그 여자한테 반했어요.

fall on one's knees

무릎을 꿇다

The people all **fell on their knees** and began to pray.
사람들은 모두 무릎을 꿇고 기도하기 시작했다.

He **fell on his knees** in front of the altar.
그는 제단 앞에서 무릎을 꿇었다.

fancy oneself

…라고 자부하다, 자처하다

She **fancies herself** to be beautiful.
그녀는 자기가 미인이라고 자부하고 있다.

He **fancies himself** as a golfer.
그는 자기가 어엿한 골퍼라고 자부하고 있다.

find fault with

…을 비난하다, …의 흠을 잡다, 나무라다

He is always **finding fault with** others.
그는 언제나 남의 흠을 잡는 사람이다.

I am afraid I shall be **found fault with**.
아무래도 꾸지람을 들을 것 같아.

flatter oneself

자만하여 …이라 생각하다, 우쭐대다

He **flattered himself** that he was somebody.
그는 큰 인물이나 되는 것처럼 자만하고 있었다.

Don't **flatter yourself**.
잘난 척 하지 마.

G/g

get ~ into trouble

…에게 폐를 끼치다

He told a lie and **got** me **into trouble**.
그는 거짓말을 해서 나를 곤란하게 했어.

You said the truth **gets** you **into trouble**.
당신은 사실이 당신을 곤란하게 만든다고 하셨어요.

get hold of

잡다, 찾아내다, 이해하다

Get hold of this rope.
이 밧줄을 잡아.

You will soon **get hold of** the idea.
너는 곧 그 생각을 이해하게 될 것이다.

get in touch with

…와 연락하다, 접촉하다

Where can I **get in touch with** you?
어디로 연락하면 됩니까?

Get in touch with me as soon as you arrive.
도착 즉시 연락하세요.

get into one's stride

평소의 제 컨디션이 되다, 궤도에 오르다

Once I **get into my stride** I can finish the essay in a few hours.
일단 내가 평소의 컨디션이 되면 몇 시간 안에 수필을 끝낼 수 있다.

We ought to wait until she's **got into her stride** before we ask
her to negotiate that contract.
우리는 계약 협상을 청하기 전에 그녀가 제 컨디션이 될 때까지 기다려야한다.

get on one's nerves

…의 신경을 건드리다, …의 기분이 상하게 하다

Be careful not to **get on his nerves**.
그의 기분이 상하지 않도록 조심해라.

Why are you **getting on my nerves**?
당신은 왜 그렇게 내 신경을 건드리는 거예요?

get rid of

…을 제거하다, 없애다

You had better **get rid of** the pretentious and arrogant attitude.
너는 그 잘난척하는 버릇을 버리는 것이 좋겠다.

You should **get rid of** those old ragged newspapers.
그 너저분한 신문을 모두 치워버려라.

get the better of

…에 이기다, (감정이) (사람의) 억제력을 벗어나다

She always **gets the better of** me in any argument.
그녀는 어떤 토론에서나 항상 나를 이긴다.

He always **gets the better of** his opponents.
그는 항상 그의 적수들에게 이긴다.

My temper sometimes **gets the better of** me.
나는 이따금 화를 누르지 못한다.

get the worst of

…에 패배하다

I **got the worst of** him in the race.
나는 경기에서 그에게 졌다.

He was challenged to a fight but **got the worst of** the opponent.
그는 시합에 도전 받았으나 상대에게 패배하였다.

get to grips

…와 맞붙다, (문제 등과) 정면으로 씨름하다, 대처하다

He is **getting to grips** with the problem for an hour.
그는 한 시간 동안 그 문제와 씨름하고 있다.

I've never really **got to grips** with this new technology.
나는 정말로 이 새로운 기술에는 대처하지 못하고 있다.

give ~ a lecture

…에게 훈계(설교)하다, 꾸짖다, 잔소리하다

My father **gave** me **a lecture** on car safety.
아버지는 나에게 안전운전에 대해서 훈계하셨다.

My elder sister **gave** me **a lecture** for having read her correspondence.
언니는 나에게 그녀의 편지를 읽은 데 대해 꾸짖었다.

give an account of

···을 설명하다

> She **gave** the police **a** full **account of** the incident.
> 그녀는 경찰에게 그 사건에 대한 상세한 설명을 했다.

> **Give** me **an account of** your behavior.
> 왜 그런 행동을 했는지 설명해 주게.

give birth to

(아이를) 낳다, (비유) ···을 낳다, 산출하다

> Today is the day when my mother **gave birth to** me.
> 오늘은 나의 어머니가 나를 낳은 날이다.

> She **gave birth to** three sons.
> 그녀는 3명의 아들을 낳았다.

> This town **gave birth to** many great men.
> 이 도시에서 많은 위인들이 나왔다.

give credit to

(이야기 따위를) 믿다

> I **gave credit to** his statements.
> 나는 그의 말을 믿었다.

> Would you **give credit to** the hearsay?
> 너는 그 소문을 믿었어?

give mouth to

···을 입 밖에 내다, 말하다

> She decided not to **give mouth to** her thought.
> 그녀는 자신의 생각을 입 밖에 내지 않기로 결심했다.

> He **gives mouth to** his own grievance.
> 그는 오로지 자기의 불만을 말하고 있다.

give offense to

…을 화나게 하다, …의 감정을 해치다

His speech **gave offense to** the audience.
그의 연설은 청중을 분개하게 했다.

His words **gave** great **offense to** everybody present.
그의 말은 거기에 있던 모든 사람의 비위를 건드렸다.

give oneself up to

…에 몰두(열중, 전념)하다, 잠기다, 탐닉하다

The student **gave himself up to** despair.
그 학생은 자포자기에 빠졌다.

He **gave himself up to** the study of American literature.
그는 미국 문학 연구에 몰두했다.

give place to

…에게 자리(지위)를 물려주다, …으로 바뀌다

Winter sped by, **giving place to** spring.
겨울은 가고 봄이 왔다.

Tears **gave place to** smiles.
눈물은 미소로 바뀌었다.

give regard to

…에 주의를 기울이다, 주목하다

He didn't **give regard to** my advice.
그는 나의 충고에 주의를 기울이지 않았다.

They need to **give** proper **regard to** a new theory.
그들은 새 이론에 합당한 주의를 기울일 필요가 있다.

give rise to

…을 일으키다, 낳다, 초래하다

His silence **gave rise to** an absurd rumor.
그의 침묵 때문에 어처구니없는 소문이 퍼졌다.

These words will **give rise to** suspicion.
이런 말들은 의심을 초래할 것이다.

give vent to

…의 감정을 노출시키다, 표출하다

He **gave vent to** his feelings in an impassioned speech.
그는 열정적인 연설로 그의 감정을 표출했다.

She **gave vent to** her anger all at once.
그녀는 갑자기 화를 냈다.

give way

무너지다, 부서지다, 후퇴하다, 양보하다

The scaffolding **gave way**.
발판이 무너졌다.

The enemy began to **give way**.
적은 후퇴하기 시작했다.

give way to

양보하다, 굴복하다, …으로 바뀌다

Inferiors should **give way to** superiors.
아랫사람은 윗사람에게 양보해야 한다.

Don't **give way to** despair.
자포자기하지 마세요..

go into detail(s)

자세히 설명하다

I won't **go into detail** over the phone but I've been having a few little problems with my health recently.
전화상으로 자세히 설명하지는 않겠지만 최근 내 건강에 약간 문제가 있어.

He will **go into detail** later on.
그가 나중에 자세히 설명할 거야.

go to extremes

극단으로 흐르다, 말이 지나치다

Your views **go to extremes**.
당신의 견해는 너무 극단으로 흐르고 있습니다.

Young people are apt to **go to extremes**.
젊은 사람들은 극단으로 흐르기 쉽다.

go to sea

선원이 되다

I wanted to **go to sea**.
나는 선원이 되고 싶어 했다.

He grew up to **go to sea**.
그는 자라서 선원이 되었다.

go to war

출정하다, 무력에 호소하다

If this country **goes to war** we will have to face the fact that many people will die.
이 나라가 무력에 호소한다면 우리는 많은 사람들이 죽을 것이라는 사실에 직면해야 할 것이다.

My grandfather **went to war** at the age of nineteen.
나의 할아버지는 19세의 나이에 전쟁에 나가셨다.

go to waste

허사가 되다, 허비하다

All our work has **gone to waste**.
우리의 일이 모두 허사가 되었다.

What a pity to see all that water is **going to waste**!
그 물이 모두 낭비되다니 아깝다!

H•I

have ~ to oneself

…을 독차지하다

My sister wants to **have** the television **to herself**.
내 동생은 텔레비전을 독차지하고 싶어 한다.

It's lovely to **have** the house **to oneself** for a while.
집을 잠시 동안 혼자 독차지한다는 것은 즐거운 일이다.

have a fancy for

…을 좋아하다

I **have a** great **fancy for** traveling.
나는 여행을 매우 좋아한다.

She **has a fancy for** an after-lunch nap.
그녀는 점심식사 후의 낮잠을 좋아한다.

have a good time

즐기다

Thanks for the meal, we both **had** a really **good time**.
잘 먹었습니다, 우리 둘 다 정말 재미있었어요.

Have a good time!
재미있는 시간 보내세요.

have a liking for

…을 좋아하다

I **have a liking for** that picture.
나는 저 그림이 마음에 들어요.

He **has a liking for** old songs.
그는 옛날 노래들을 좋아한다.

have a loose tongue

입이 가볍다

Don't tell her anything, she **has a loose tongue**.
그녀에겐 아무 얘기도 하지 마, 입이 가볍거든.

He **has a loose tongue**, so you had better not tell him about this.
그는 입이 가벼우니 그에게 이것에 대해서 말하지 마.

have access to

…에 접근할 수 있다, 이용할 수 있다

Only high officials **have access to** the president.
고위 공직자들만이 대통령을 접견할 수 있다.

Students must **have access to** a good library.
학생들은 좋은 도서관을 이용할 수 있어야 한다.

have an ear for

…을 잘 들을 수 있는 능력이 있다, 잘 알아듣다

She **has an ear for** music.
그녀는 음악에 조예가 깊다.

He **has a** good **ear for** language.
그는 언어에 대해선 귀가 티여 있어.

have an eye for

…에 대한 감상력이 있다

He **has** got no **eye for** picture.
그는 그림에 있어서 문외한이다.

You **have an eye for** fashion.
패션에 대한 안목이 있군요.

have an idea of

…을 알다

I **have a** rough **idea of** it.
나는 그것을 대충 알고 있다.

You don't **have** the slightest **idea of** what you're talking about.
당신은 지금 자신이 무슨 말을 하고 있는지 전혀 모르는군요.

have an influence on

…에 영향을 미치다

Schools and colleges **have a** strong **influence on** the future of society.
학교와 대학들은 사회의 미래에 큰 영향을 미친다.

You **had a** bad **influence on** him.
너는 그에게 나쁜 영향을 끼쳤어.

have an interest in

…에 관심을 가지다

I **have** not the least **interest in** your plan.
네 계획에는 전혀 관심이 없어.

He **has an interest in** politics.
그는 정치에 관심을 가지고 있다.

have faith in

…을 믿다, 신뢰하다

I'll **have faith in** what you say.
당신 말을 믿겠습니다.

They **have faith in** their friends.
그들은 그들의 친구를 신뢰하고 있다.

have one's own way

자기 멋대로 하다

She **had her own way** in everything.
그녀는 모든 것을 자기 마음대로 했다.

You shouldn't let the children always **have their own way**.
언제나 아이들이 자기 멋대로 하도록 놔둬서는 안 된다.

have trouble with

…이 아프다

He is **having trouble with** his ears.
그는 귓병을 앓고 있다.

I **have trouble with** my stomach.
나는 위가 안 좋은 편이다.

help oneself to

…을 마음껏 먹다, 마음대로 쓰다(가지다, 훔치다)

Please **help yourself to** cigarettes.
담배를 마음대로 피우십시오.

He **helped himself to** our dictionary.
그는 마음대로 우리 사전을 썼다.

Help yourself to the tea before it gets cold.
식기 전에 차를 드세요.

hit the mark

적중하다, 목적을 달성하다, 성공하다

He that shoots often at least shall **hit the mark**.
자주 쏘는 사람은 적어도 목적을 달성하게 된다(칠전팔기).

One man may **hit the mark**, another blunder; but heed not these distinctions.
누군가는 성공하고 누군가는 실수할 수도 있다. 하지만 이런 차이에 집착하지 마라.

hold one's breath

잠시 숨을 멈추다, (긴장으로) 숨을 죽이다

Hush! **Hold your breath**.
쉬, 숨소리 죽여.

She **held her breath** in surprise.
그녀는 놀라서 잠시 숨을 멈추었다.

hold one's tongue

잠자코 있다, 침묵하다

Hold your tongue, young man!
잠자코 있어, 젊은이!

I'm going to have to learn to **hold my tongue**.
나는 침묵하는 법을 배워야할 것 같다.

hold(keep) ~ in check

…을 억누르다

It was obvious she was barely **holding** her temper **in check**.
그녀가 간신히 화를 참고 있는 것이 분명했다.

I couldn't **hold** my anger **in check**.
나는 분노를 억누를 수 없었다.

indulge oneself in

…에 빠지다, 마음껏 즐기다

He **indulged himself in** drink.
그는 술을 마음껏 즐겼다.

She **indulged herself in** nostalgic memories.
그녀는 향수에 젖었다.

K/k

keep ~ at a distance

남과 가까이하지 않다

Ceremony is the invention of wise men to **keep** fools **at a distance**.
의식이란 바보들을 멀리 하기 위하여 현명한 사람이 발명한 것이다.

She likes to **keep** people **at a distance**.
그녀는 사람들과 가까이하지 않는 것을 좋아한다.

keep ~ at arm's length

어떤 거리를 두다, 쌀쌀하게 대하다

She **keeps** all men **at arm's length** to avoid getting hurt.
그녀는 상처받는 것을 피하기 위해 모든 남자들과 거리를 두고 지낸다.

He prefers to **keep** his relations **at arm's length**.
그는 친척들과 거리를 두는 것을 더 좋아한다.

keep a check on

…을 확인하다, …을 주시하다, …을 억제하다

You should **keep a check on** that guy.
당신은 그 사람에 대해 확인해 봐야 해요.

I came here to **keep a check on** him.
나는 그가 어떻게 지내는지 확인하러 여기에 왔다.

She **kept a check on** her anger.
그녀는 분노를 참았다.

keep a diary

일기를 쓰다

Do you **keep a diary** everyday?
매일 일기를 씁니까?

I decided to **keep a diary** every day.
나는 매일 일기를 쓰기로 작정했다.

keep an eye on

…에 주목하다, …을 감시하다, …에서 눈을 떼지 않다, …을 돌보다

Would you **keep an eye on** my place?
제 자리 좀 봐주시겠어요?

You should **keep an eye on** your grades.
당신은 학점에 신경을 써야 합니다.

Could you please **keep an eye on** my baby?
우리 아이 좀 잠깐 봐주시겠어요?

keep company with

교제하다, 친하게 지내다, …와 함께 가다, 동행하다

Don't **keep company with** such a mean fellow.
그런 야비한 녀석과 사귀지 말아라.

Why do you **keep company with** those fellows?
어째서 저런 녀석들과 친하게 지내는 거야?

I'll **keep company with** you as far as Busan.
나는 너와 함께 부산까지 동행하겠다.

keep good time

시간이 잘 맞다

My watch **keeps good time**.
내 시계는 잘 맞아.

I think the wall clock doesn't **keep good time**.
저 벽시계가 잘 안 맞는 것 같아.

keep one's distance

거리를 두다, 가까이하지 않다

Please, **keep your distance** from the front car.
앞차와의 간격을 유지해 주세요.

I **keep my distance**, but you still catch my eye.
나는 당신을 멀리했습니다, 하지만 여전히 당신은 내 시선을 사로잡는군요.

keep one's temper

화를 억누르다, 침착하다

Keep your temper!
침착하세요!

She **kept her temper** to the last.
그는 끝까지 침착함을 잃지 않았다.

keep one's word
약속을 지키다

She promised, and she has **kept her word**.
그녀는 약속을 했으며, 그 약속을 지켰다.

He **kept his word** and returned all the money.
그는 약속을 지켰고 모든 돈을 돌려주었다.

keep pace with
뒤떨어지지 않고 나란히 가다

I cannot **keep pace with** you at this rate.
이 속도로는 너를 따라갈 수가 없다.

Our output capacity cannot **keep pace with** the demand.
우리의 생산 능력이 수요를 따라가지 못하고 있다.

L/l

lay a finger on
⋯에 손가락을 대다, ⋯을 정확히 지적하다

Don't **lay a finger on** a birthday cake.
생일 케이크를 손가락으로 만지지 마라.

I was unable to **lay a finger on** the exact date of his arrival.
나는 그의 정확한 도착 날짜를 알 수 없었다.

lay claim to

…에 대한 권리를 주장하다

She **laid claim to** the land.
그녀는 그 땅의 소유권을 주장했다.

He can justly **lay claim to** the honor.
그는 당연히 그 영예를 주장할 만하다.

lay hold of

…을 쥐다, …을 손에 넣다, 이해하다

I **laid hold of** a used car.
나는 중고차를 손에 넣었다.

An urchin **laid hold of** her slipper, and ran with it.
한 개구쟁이 소년이 그녀의 신발을 잡아서 그것을 갖고 도망쳤다.

learn ~ by heart

암기하다

I am trying to **learn** it **by heart**.
나는 그것을 암기하려고 노력하고 있다.

First of all, **learn** the formula **by heart**.
우선 공식을 암기해.

leave ~ to oneself

남을 스스로 알아서 하게 하다, 멋대로 하게 내버려 두다

I have the blues, **leave** me **to myself**.
기분이 우울해, 날 좀 내버려 둬.

He seemed to be a responsible person, so I **left** him **to himself**.
그는 책임감 있는 사람으로 보였기 때문에, 나는 그가 알아서 하게 내버려 두었다.

live a ~ life

…한 생활을 하다, 삶을 살다

The young man **lived** dull **life**.
그 젊은이는 따분한 생활을 했다.

The couple **live a** busy and happy **life**.
그 부부는 분주하면서도 행복한 생활을 하고 있다.

lose no time in

지체 없이 …하다, 곧(당장) …하다

They **lost no time in** running after him.
그들은 지체 없이 그를 뒤쫓아 달렸다.

I shall **lose no time in** beginning work.
당장 일을 시작해야겠다.

lose one's mind

미치다

Have you completely **lost your mind**?
너 완전히 정신 나갔구나?

He **lost his mind** with grief.
그는 슬퍼서 거의 제 정신이 아니었다.

lose one's nerve

용기가 꺾이다, 겁먹다, 기죽다

This is no time to **lose your nerve**.
지금은 기죽어 있을 때가 아니야.

He'd have won if he hadn't **lost his nerve**.
그가 겁먹지 않았다면 이겼을 텐데.

lose one's place

지위를 잃다, 직장을 잃다, 위치(대목)를 잊다

The lecturer seemed to have lost his place.
그 강사는 직장을 잃은 것 같았다.

She spoke to me and I lost my place in the book.
그녀가 말을 거는 바람에 책의 어디를 읽고 있었는지 잊어버렸다.

lose one's shirt

빈털터리가 되다, 무일푼이 되다, 큰 손해를 보다

I lost my shirt in Las Vegas.
난 라스베가스에서 빈털터리가 되었다.

He lost his shirt in a bad business deal.
그 사람은 불리한 사업상 거래에서 쫄딱 망하고 말았다.

lose one's temper

화를 내다

She lost her temper when the child broke the dish.
그녀는 아이가 접시를 깨자 화를 냈다.

He often loses his temper for nothing.
그는 종종 아무 것도 아닌 일에 화를 낸다.

lose one's way

길을 잃다

I lost my way in the crowded street.
혼잡한 거리에서 방향을 잃어 버렸다.

We lost our way in the woods.
우리는 숲 속에서 길을 잃었다.

lose oneself in

열중하다, 몰두하다, 길을 잃다

A child **lost himself in** the woods.
아이는 숲 속에서 길을 잃었다.

He **lost himself in** the novel.
그는 그 소설에 몰두했다.

lose sight of

…을 (시야에서) 놓치다, …을 잊어버리다

I have **lost sight of** him among the crowd.
나는 군중 속에서 그를 시야에서 놓치고 말았다.

She was enjoying herself so much, she'd almost **lost sight of** the purpose of her visit.
그녀는 너무 재미있게 즐기느라 방문한 목적은 거의 잊어버렸다.

M • N

make a clean breast (of)

…을 숨김없이 고백하다, 모조리 털어놓다

Why not **make a clean breast of** it and tell them you took the money?
그들에게 모든 것을 털어놓고 당신이 돈을 가져갔다고 말하지 그래요?

She finally **made a clean breast of** it and admitted that she had stolen the money.
그녀는 마침내 그 일을 모조리 털어놓고 돈을 훔친 것을 시인했다.

make a difference

관계가 있다 영향을 미치다, 차이가 생기다

Does it **make a difference**? 상관있어?

With or without him, it doesn't **make** any **difference**.
그 사람이 있건 없건 전혀 상관없다.

Having a computer **makes a difference** in your schoolwork.
컴퓨터가 있는 것은 너의 학교생활에 있어서 중요한 영향을 미친다.

make a face at

…에 얼굴을 찌푸리다

He **made a face at** me when he lost.
그는 졌을 때 나에게 얼굴을 찌푸렸다.

She was **making a face at** me through the window.
그녀는 창문 너머로 나에게 얼굴을 찌푸리고 있었다.

make a fool of

…을 놀리다, 바보 취급하다

I suddenly realized that I was being **made a fool of**.
나는 문득 내가 바보 취급을 받고 있다는 것 깨달았다.

You are **making a fool of** me.
너는 나를 바보 취급하고 있어.

make a fortune

부자가 되다, 재산을 모으다

The guy who invented Post-It notes must have **made a fortune** by now.
포스트잇을 발명한 사람은 지금쯤 부자가 되었음에 틀림없다.

He has **made a fortune** in a real estate.
그는 부동산으로 많은 재산을 모았다.

make a mistake
실수를 하다

I think you **made a mistake** in this bill.
이 계산이 틀린 것 같은데요.

I accept that I **made a mistake**.
내가 실수했다는 걸 인정한다.

Don't be afraid of **making a mistake**.
실수를 두려워하지 마라.

make a point of ~ing
…을 중시하다, 강조하다, …을 습관으로 하다, 반드시 …하도록 유의하다

She always **makes a point of** dressing her children neatly.
그녀는 언제나 아이들의 옷차림을 산뜻하게 해주고 있다.

I **make a point of** breathing deeply when I exercise.
운동을 할 때는 늘 심호흡을 한다.

make a speech
연설하다

I **made a** long **speech** on freedom.
나는 자유에 관한 긴 연설을 했다.

He **made an** emotional **speech** on the horrors of war.
그는 전쟁의 공포에 대해 감동적인 연설을 했다.

make allowances for
…을 참작하다, 고려하다

We ought to **make allowances for** the fact that she was ill.
우리는 그녀가 아팠다는 사실을 참작해야 한다.

You must **make allowances for** his lack of experience.
너는 그의 경험부족을 고려해야 한다.

A/O
B/P
C/Q
D/R
E/S
F/T
G/U
H/V
I/W
J/X
K/Y
L/Z
M
N

make amends for

···을 사과하다, ···을 보상하다

He made amends for her loss.
그는 그녀의 손실에 대해 그녀에게 보상했다.

I will make amends for the damage.
나는 손해를 변상해줄 것이다.

make an excuse for

···에 핑계를 대다, 변명을 하다

I tried to make a good excuse for being late.
난 지각한 것에 대해 그럴듯한 핑계거리를 꾸며내려고 했다.

He made a poor excuse for his delay.
그는 늦어진 것에 대해 서투르게 변명을 했다.

make friends with

···와 친구이다, 친해지다

They want to make friends with him.
그들은 그와 친하게 지내고 싶어한다.

I have made friends with her.
나는 그녀와 친한 사이가 되었다.

make fun of

···을 놀리다, 조롱하다

They'll make fun of me.
그들은 나를 비웃을 거야.

Are you making fun of me?
너는 나를 놀리는 거니?

make haste

서두르다

Make as much haste as possible, or you will be late.
가능한 한 서둘러라, 그렇지 않으면 늦을 거야.

Make haste lest you should be late.
늦지 않도록 서둘러라.

make little of

···을 얕보다, 경시하다

He made little of the ordeal he'd been through.
그는 자신이 겪어온 고난을 경시했다.

She made little of her illness.
그녀는 자신의 병을 경시했다.

make money

돈을 벌다

Making money is never easy.
돈 버는 건 결코 쉽지 않다.

He's making money hand over fist.
그는 돈을 엄청나게 벌고 있다.

make much of

···을 중히 여기다, ···을 극구 칭찬하다, ···을 잘 이해하다

He is still made much of in his country.
그는 아직도 그 나라에서 중요시되고 있다.

I did not make much of his work.
나는 그의 작품을 대단한 것으로는 생각하지 않았다.

The mother made too much of her youngest son.
그 어머니는 막내아들을 너무 귀여워했다.

I didn't make much of his lecture.
나는 그의 강의 내용을 잘 이해하지 못했다.

A/O

B/P

C/Q

D/R

E/S

F/T

G/U

H/V

I/W

J/X

K/Y

L/Z

M

N

make nothing of

…을 이해할 수 없다, …을 아무렇지 않게 여기다

I can **make nothing of** this puzzle.
이 수수께끼는 도무지 알 수 없다.

He **makes nothing of** walking twenty miles.
그는 20마일을 예사로 걷는다.

make one's mark

출세하다, 성공하다, 유명해지다

You've **made your mark** in the medical world.
당신은 의학계에서 명성을 떨쳤다.

His eldest son **made his mark** as a singer.
그의 장남은 가수로서 유명해졌다.

make one's way

나아가다, 성공하다, 출세하다

They **made their way** toward the island before daybreak.
그들은 동트기 전에 섬을 향해 나아갔다.

He **made his way** in the world with his pen.
그는 펜 하나로 세계적으로 성공했다.

make preparations for

…의 준비를 하다

He is **making preparations for** the entrance examination.
그는 입학시험 준비를 하고 있다.

The army is **making preparations for** a full-scale invasion.
군대는 최대 규모의 침략을 위한 준비를 하고 있다.

make progress in

…이 진보하다, 향상되다

The superpowers made significant progress in disarmament.
강대국들은 군비 감축에 있어서 중대한 진전을 이루었다.

You made no progress in your studies.
너는 공부가 전혀 진척되지 않았구나.

make room for

…을 위하여 자리를 내주다, 양보하다

Please make room for me.
제 자리를 좀 마련해 주세요.

I made room for her on the sofa.
나는 그녀에게 소파에 자리를 내주었다.

make sense

(표현, 행동 등이) 이해할 수 있다, 뜻이 통하다, 이치에 맞다

It just doesn't make any sense.
그건 도저히 말이 안돼요.

Can you make sense of this poem?
이 시를 이해할 수 있니?

make sport of

…을 놀리다, 조롱하다

Don't make sport of the lame boy.
그 절름발이 소년을 놀리지 마라.

He is making sport of you.
그는 자네를 놀리고 있는 거야.

make the most of

…을 최대한 이용하다, …을 아주 소중히 여기다

Make the most of the money you have.
가진 돈을 최대한으로 활용해라.

She makes the most of her only son.
그녀는 외동아들을 아주 소중히 여긴다.

make trouble for

걱정을 끼치다

He always makes trouble for his parents.
그는 부모에게 늘 걱정을 끼친다.

I am sorry to make trouble for you so much.
걱정을 끼쳐드려 죄송합니다.

make up one's mind

결심하다, 결단을 내리다

He can't make up his mind.
그는 어떻게 할지 결정을 못한다.

I've made up my mind to buy that car.
저 차를 사기로 결심했다.

make use of

…을 이용하다

You must make use of this good opportunity.
너는 이 좋은 기회를 이용해야 해.

The artist makes use of scrap iron in her sculpture.
그 예술가는 그녀의 조각에 철 조각을 이용한다.

nod one's head

(동의의 표시를) 머리를 앞뒤로 끄덕이다

She **nodded her head** in agreement.
그녀는 찬성하여 머리를 끄덕였다.

He indicated his willingness with **nodding his head**.
그는 고개를 끄덕여 그렇게 하겠다는 표시를 했다.

P/p

pack one's bags

그만두고 떠나다, 출발 준비를 하다

He **packed his bags** and left.
그는 그만두고 떠나 버렸다.

We told her to **pack her bags** at once.
우리는 그녀에게 당장 그만두고 떠나라고 말했다.

pay a visit to

…을 찾아가다, 들르다(뚜렷한 목적으로 잠깐 방문할 때 씀)

I must **pay a visit** to the dentist.
나는 치과에 들러야 한다.

He will **pay a visit** to London this summer vacation.
그는 이번 여름 방학 때 런던 구경을 갈 것이다.

pay attention to

…에 주의를 기울이다, 주목하다

Please **pay attention to** what I say.
제가 말하는 것에 주의를 기울여 주세요.

Pay no **attention to** what he said.
그가 한 말에 신경 쓰지 마.

pay regard to

…에 크게 경의를 표하다

We should **pay regard to** his courage.
우리는 그의 용기에 크게 경의를 표해야한다.

The town's people **paid regard to** the great musician by erecting a statue.
마을 사람들은 조상(彫像)을 세움으로써 그 위대한 음악가에게 경의를 표했다.

pick one's teeth

이를 쑤시다

Don't **pick your teeth** in public.
사람들 앞에서 이를 쑤시지 마라.

It isn't good for health of them to **pick your teeth**.
이를 쑤시는 것은 치아 건강에 좋지 않다.

play a part (in)

…에 역할을 하다

Chance often **plays a** very large **part in** life.
우연은 인생에 있어서 종종 중요한 역할을 한다.

He **played an** important **part in** the affair.
그는 그 사건에서 중요한 역할을 했다.

play a trick on
…에게 장난치다

The girls were always **playing a trick on** their teacher.
그 여자아이들은 언제나 선생님에게 장난을 치고 있었다.

The children **played a trick on** us.
아이들이 우리에게 장난을 쳤다.

play one's cards right
일을 잘 처리하다

If he **plays his cards right**, Tony might get a promotion.
토니가 만약 일을 잘 처리한다면 그는 승진을 할지도 모른다.

If you **play your cards right**, you could make quite a lot of money out of this.
네가 만약 일을 잘 처리한다면, 이것으로 꽤 많은 돈을 벌 수 있을 것이다.

play one's part
자기의 역할을 다하다

Luck still **plays its part**.
그래도 행운은 그 역할을 한다.

The operation will succeed only when each person **plays their part**.
그 작전은 제각기 자신의 역할을 할 때만 성공할 것이다.

prepare oneself for
…를 준비시키다

The boy is **preparing himself for** the examination.
소년은 시험을 준비하고 있다.

Prepare yourself for a party.
파티 할 준비를 해라.

present oneself

출두(출석)하다(at), 나타나다, 도래하다

He **presented himself** for trial.
그는 재판에 출두했다.

She **presents herself at** the bank everyday.
그녀는 매일 은행에 나타난다.

A good opportunity **presented itself.** 좋은 기회가 왔다.

That idea had never **presented itself** to me.
그런 생각은 내게 떠오른 적이 없었다.

pride oneself on

…을 자랑하다

He **prides himself on** being a great reader of character.
그는 남의 성격을 용케 알아맞힌다고 자랑한다.

She **prided herself on** her success.
그녀는 자기의 성공을 자랑했다.

pull one's leg

…을 놀리다, 우롱하다

Are you **pulling my leg**?
나를 놀리는 겁니까?

He told me that I was beautiful, but I think he was just **pulling my leg**. 그는 내가 아름답다고 말했지만 놀리는 것 같다.

pull one's weight

자기 몫(역할)을 다하다

Some people in the office hadn't been **pulling their weight**.
사무실의 몇몇 사람들은 자기 역할을 다하고 있지 않았다.

The others complained because Sarah wasn't **pulling her weight**. 사라가 그녀의 역할을 다하고 있지 않아서 다른 사람들이 불평했다.

put ~ in the shade

···을 무색하게 하다, ···을 돋보이지 않게 하다, 별것 아니게 하다

Although I thought I'd done well, my sister's exam results put mine **in the shade**.
비록 나는 잘했다고 생각했지만, 언니의 시험성적은 내 성적을 무색하게 했다.

Her appearance **put** all the other girls **in the shade**.
그녀가 나타나자 다른 여자들은 모두 그 존재가 희미해졌다.

put ~ into practice

···을 수행하다, 실천에 옮기다

Learning is useless unless **put into practice**.
배움은 실행하지 않으면 소용이 없는 거야.

I will **put** it **into practice** at any price.
나는 어떤 희생을 치르더라도 그것을 실행에 옮길 것이다.

put ~ to use

···을 이용하다

He **put** this information **to** good **use**.
그는 이 정보를 잘 이용했다.

They **put** it **to** an unaccustomed **use**.
그들은 그것을 좀 다르게 사용했다.

put an end to

···을 끝내다, 그만두다, 죽이다

It is up to the police to **put an end to** these robberies.
이 강도 사건들을 끝내는 것은 경찰에게 달려 있다.

That is another rumor I'd like to **put an end to**.
그건 내가 끝내고 싶은 또 하나의 소문이다.

put emphasis on

…을 강조하다

I want to say this to **put emphasis on** this in particular.
나는 이 점을 특히 강조해서 말하고 싶다.

This school **puts** special **emphasis on** foreign language study.
이 학교는 외국어 학습을 특히 강조한다.

put one's finger on

정확하게 지적하다, 밝히다, 찾아내다, 붙잡다, …을 밀고하다

Something seemed to be wrong, but I couldn't **put my finger on**
what it was.
뭔가가 이상한 듯 했지만 그게 무엇인지 나는 정확히 찾아낼 수 없었다.

I can't **put my finger on** it….
뭐라고 꼬집어서 말하긴 어렵지만….

put(turn) ~ to account

이용하다

We should **turn** everything **to account**.
우리는 모든 것을 활용해야 한다.

Perhaps she could **put** some of her talents **to good account** by
helping us.
아마도 그녀는 우리를 돕는 것으로 그녀의 재능을 잘 활용할 수 있을 거야.

R/r

repeat oneself

같은 일을 되풀이하다(되풀이해서 말하다), 되풀이해서(다시, 거듭) 일어나다(나타나다)

He did nothing but **repeat himself**.
그는 그저 같은 말을 되풀이할 뿐이었다.

These things **repeat themselves**.
이런 일은 거듭 일어나는 법이다.

History **repeats itself**.
역사는 반복된다.

revenge oneself on

복수하다

I must **revenge myself on** him for this mischief.
나는 그에게 이런 장난을 당했으니 복수해야겠다.

He decided to **revenge himself on** his enemies.
그는 적에게 복수하기로 결심했다.

rise(leap, spring) to one's feet

일어서다

Mike **rose to his feet** and ran towards the window.
마이크는 벌떡 일어서서 창문 쪽으로 달려갔다.

The baby can now **rise to his feet** by himself.
그 아기는 이제 혼자 일어서게 되었다.

run the risk of

…할 위험을 무릅쓰다, 모험을 하다

He **ran the risk of** being hanged.
그는 교수형을 당할 뻔한 위험을 무릅썼다.

Anyone travelling without a passport **runs the risk of** being arrested.
여권이 없는 여행자는 체포될 위험이 있다.

S/s

satisfy oneself

…만족하다, 확신하다

Well, have you quite **satisfied yourself**?
그래, 맛있게 많이 드셨습니까?

She **satisfied herself** of his honesty.
그녀는 그가 정직하다는 것에 확신을 갖게 되었다.

save one's breath

쓸데없는 말을 하지 않다, 입을 다물고 있다

I don't know why I bother speaking to him, I might as well **save my breath**.
내가 왜 성가시게 그에게 말하는지 모르겠어. 차라리 입을 다무는 게 낫겠다.

You had better **save your breath** about it.
너는 그 일에 대해서는 쓸데없는 말하지 말고 잠자코 있는 게 좋아.

say ~ to oneself

…라고 생각하다

So I **said to myself** 'It's time I leave.'
그래서 나는 '이제 떠나야 할 시간이다'라고 생각했다.

Then she **said to herself**, 'What a foolish I am!'
그때 그녀는 '내가 왜 이리 어리석지!'라고 생각했다.

seat oneself

앉다, 착석하다

Please **seat yourself** in a chair.
의자에 앉으세요.

She **seated herself** in the front row.
그녀는 맨 앞줄에 앉았다.

set one's heart on

…에 열중하다, …하고 싶어 하다

The coach had **set his heart on** winning.
코치는 우승하기를 열망했다.

She has **set her heart on** having a pony.
그녀는 조랑말을 몹시 갖고 싶어 했다.

set store by

…을 중요시하다, 소중히 하다

I **set** great **store by** his friendship.
나는 그의 우정을 소중히 여긴다.

She used to **set** no **store by** what I say.
그녀는 내가 하는 말을 무시하곤 했다.

shake hands with

…와 악수하다

They **shook hands with** each other.
그들은 서로 악수했다.

The actress was surrounded by a crowd of fans who wanted to **shake hands with** her.
여배우는 그녀와 악수하고 싶어 하는 팬들에게 둘러싸였다.

sing one's praise

항상 …을 칭찬하다

Diane really admires you, she's always **singing your praise**.
다이앤은 정말 너를 존경하고 있어, 항상 너를 칭찬하고 있는걸.

Neighbors are always **singing his praise**.
이웃 사람들은 항상 그를 칭찬한다.

stand a chance

가망이 있다, 유망하다

He **stands a** good **chance** of winning the fight.
그는 그 싸움에 이길 가능성이 많다.

If we did move to Seoul, I'd **stand a** much better **chance** of getting a job.
우리가 서울로 이사한다면 나는 취직할 가능성이 훨씬 더 많을 텐데.

stand on ceremony

격식을 차리다

Don't **stand on ceremony**!
마음 편하게 하세요!

Please sit down and make yourself comfortable, we don't **stand on ceremony** here.
앉아서 편하게 지내세요, 우리는 여기에서 격식을 차리지 않습니다.

stand to reason

이치에 맞다, 당연하다

It **stands to reason** that you should be punished for your crime.
네가 범한 죄로 처벌되는 것은 당연한 일이다.

It **stands to reason** that if he never prepares his lessons he is not going to make good progress.
그가 수업을 전혀 예습하지 않는다면 좋은 성과를 거둘 수 없는 것은 당연한 일이다.

stick to one's guns

자기 입장을 고수하다

He is **sticking to his guns** on his decision to fire the manager of the store.
그는 가게의 지배인을 해고하려는 결정을 고수하고 있다.

Did the presidents of both countries **stick to their guns**?
양국의 대통령은 한 치의 양보도 없었습니까?

strike a (right) note

(적절한) 행동(말)을 하다

At the end of her speech, she **struck a note** of warning about the risks involved in the project.
연설을 마치면서, 그녀는 그 계획에 관련된 위험성에 대하여 경고하는 발언을 했다.

I find it really difficult to **strike a right note** when I'm writing job applications.
나는 취직원서를 쓸 때 적절한 말을 쓰는 것이 정말 어렵다는 것을 안다.

strike a bargain

매매 계약을 맺다, 흥정이 되다

The management and employees eventually **struck a bargain**.
경영진과 직원들은 결국 계약을 맺었다.

We've **struck a bargain** that he'll do the shopping and I'll cook.
우리는 그가 쇼핑을 하고 내가 요리하기로 합의를 했다.

T/t

take ~ at one's word
남의 말을 곧이듣다

You may **take** her **at her word**.
당신은 그녀의 말은 믿어도 되요.

Mike said we could call him any time, so let's **take** him **at his word**.
마이크는 우리가 언제라도 그를 불러도 좋다고 했으니 그의 말을 믿도록 하자.

take ~ for granted
…을 당연한 것으로 여기다

You **took** my love **for granted**.
당신은 내 사랑을 너무나 당연한 것으로 받아들였지요.

I **took** it **for granted** that you would consent.
나는 네가 동의할 것을 당연한 것으로 여겼어.

take ~ into account
…을 고려하다, 참작하다

You must **take** his inexperience **into account**.
너는 그의 경험이 미숙함을 고려해야 한다.

We should **take** all possibilities **into account**.
우리는 모든 가능성을 고려해야 해.

take ~ to heart

···을 마음속 깊이 새기다, 고려하다; ···에 몹시 신경을 쓰다

You should not really **take** what he says **to heart**. He is really very kind.
너는 그가 하는 말에 정말로 신경을 쓰면 안 돼. 그는 실제로는 매우 상냥하거든.

Don't **take** her criticisms so much **to heart**.
그녀의 비평에 그렇게 신경 쓰지 마라.

take a fancy to

···을 좋아하다

The movie stars **took a fancy to** their director.
그 영화배우들은 그들의 감독을 좋아했다.

I have **taken a fancy to** that picture.
나는 저 그림이 마음에 들었다.

take account of

···을 고려하다, ···을 참작하다

You need not **take** much **account of** it.
너는 그것을 그다지 고려할 필요가 없어.

I will **take account of** your objections.
여러분의 반대를 참작하겠습니다.

take advantage of

···을 이용하다, ···을 속이다, 약점을 이용하다

They **took** full **advantage of** the hotel's facilities.
그들은 호텔 시설들을 최대한 활용했다.

You must not **take advantage of** her simplicity.
너는 그녀의 순진함을 이용해서는 안 된다.

He **took advantage of** my kindness.
그는 나의 친절을 이용했다.

take care of

…을 돌보다, …을 책임지고 맡다, 유의하다

Take good care of yourself.
몸조심 하십시오.

He is too young to take care of himself.
그는 너무 어려서 제 몸도 돌보지 못한다.

She will take care of our dogs while we are away.
우리가 떠나 있는 동안 그녀가 우리 개를 돌봐줄 것이다.

take charge of

…을 맡다, 담당하다

Please take charge of the office during my absence.
제가 없는 동안 사무실을 관리해 주세요.

She took charge of my children.
그녀는 내 아이들을 맡았다.

take delight in

…을 기뻐하다, 즐거워하다

She takes great delight in her music lesson.
그는 음악 수업을 매우 즐기고 있다.

He takes delight in teasing his younger sister.
그는 여동생을 괴롭히는 것을 즐거워한다.

take exercise

운동을 하다

We take exercise about two times a week.
우리는 일주일에 두 번 정도 운동을 합니다.

Every time I take exercise, I'm as hungry as bear.
운동할 때마다 난 배가 몹시 고파.

A/O

B/P

C/Q

D/R

E/S

F/T

G/U

H/V

I/W

J/X

K/Y

L/Z

M

N

take heed of

조심하다, 중시하다, 유의하다

Take heed of her criticisms.
그녀의 비판에 유의하시오.

He takes no heed of danger.
그는 위험에 개의치 않는다.

take leave of

작별을 고하고 떠나다

I took leave of them at the door and took a taxi.
나는 문간에서 그들과 작별하고 택시를 탔다.

He took a polite leave of the company.
그는 동료들에게 공손히 인사를 하고 떠났다.

take notice of

…에 주목하다, 알아차리다, 관심을 가지다

He passed by me without taking notice of me.
그는 나를 보지도 않고 지나갔다.

People took little notice of his warnings.
사람들은 그의 경고에 거의 주의를 기울이지 않았다.

take offense at

…에 대하여 성을 내다

He takes offense at the slightest criticism.
그는 사소한 비판에도 화를 낸다.

She easily takes offense at me.
그녀는 곧잘 나에게 화를 낸다.

take one's own life

목숨을 끊다, 자살하다

He **took his own life** by taking poison.
그는 독약을 먹고 자살했다.

The girl was discouraged by her failure in the examination, finally **took her own life**.
시험 결과에 낙담한 소녀는 결국 목숨을 끊었다.

take one's time

천천히 시간을 들여서 하다

You can **take your time** doing that work.
그 일은 천천히 여유 있게 해도 돼.

He **took his time** and made a careful inquiry.
그는 서두르지 않고, 조심스럽게 질문했다.

take pains

수고하다, 애쓰다

Thank you for your **taking pains**.
수고해 주셔서 감사합니다.

He has **taken** great **pains** to learn English.
그는 영어를 배우는 데 많은 애를 썼다.

take part in

···에 참가하다

Would you care to **take part in** this survey?
이 설문조사에 응해 주시겠습니까?

He **takes part in** many school activities.
그는 여러 가지 학교 활동에 참가하고 있다.

take place
일어나다

Our athletic meet **took place** yesterday.
우리의 운동회가 어제 개최되었다.

Where did the accident **take place?**
그 사고는 어디에서 일어났지?

take pride in
···을 자랑스럽게 생각하다, 자랑으로 여기다

Take some **pride in** yourself.
자존심을 가지세요.

He **takes pride in** his wealth.
그는 그의 부유함을 자랑으로 여긴다.

take sides with
···을 편들다

Her mother always **takes sides with** her if they have an argument.
그들이 논쟁을 벌일 때면 그녀의 엄마는 항상 그녀를 편든다.

I'm not **taking sides with** anyone.
나는 누구의 편도 들지 않겠어.

take the initiative in
솔선하여 ···하다

Why don't you **take the initiative in** arranging a meeting?
솔선하여 회의를 준비하는 게 어때?

He **took the initiative in** supporting the program.
그는 솔선하여 그 계획에 찬성했다.

take turns (at)

(…을) 교대로 하다, 번갈아 가면서 하다

> We **took turns at** sleeping and watching.
> 우리는 교대로 잠을 자고 경계를 섰다.

talk through one's hat

터무니없는 말을 하다, 허풍 치다

> You're **talking through your hat**.
> 당신은 허튼 소리를 하고 있군요.

> He is always **talking through his hat** and you never know if you can believe him or not.
> 그는 언제나 허튼 소리를 잘하니까 당신이 그를 믿어야 할지 아닐지 잘 모를 거다.

throw light on

…에 광명을 던지다, …을 분명히 하다

> These discoveries may **throw** some new **light on** the origins of the universe.
> 이 발견들은 우주의 기원을 밝히는 데에 어느 정도 광명을 던져줄 것이다.

> He **threw light on** the point at issue.
> 그는 문제의 요점을 분명히 해주었다.

tighten one's belts

허리띠를 졸라매다, 지출을 줄이다

> We will have to **tighten our belts** for a while until the economy improves.
> 우리는 경제 사정이 좋아질 때까지 허리띠를 졸라매야 될 거야.

> When my father lost his job, we had to **tighten our belts**.
> 아버지가 직장을 잃으셨을 때 우리는 절약해야만 했다.

turn a deaf ear to

···을 전혀 들으려고 하지 않다

He's **turning a deaf ear to** me.
그는 내 말을 들은 척도 하지 않고 있어.

The factory owners **turned a deaf ear to** the demands of the workers.
그 공장 소유주는 노동자들의 요구를 전혀 들으려고 하지 않았다.

turn over a new leaf

마음(행실)을 고치다, 생활을 일신하다

I'm going to **turn over a new leaf** and begin exercising.
나는 마음을 고쳐먹고 운동을 시작할거야.

He decided to **turn over a new leaf** and give up smoking.
그는 마음을 고치고 금연하기로 결심했다.

turn up one's nose

경멸하다, 깔보다, 코웃음 치다

My children **turn up their nose** at home cooking.
내 아이들은 집에서 만든 쿠키를 깔본다.

When I suggested a new tie he **turned up his nose**.
내가 새로운 넥타이를 내놓자 그는 코웃음을 쳤다.

W / w

wait one's turn

차례를 기다리다

Please **wait your turn** at the lobby.
대기실에서 차례를 기다려주세요.

If people were more polite, they would **wait their turn**.
사람들이 좀 더 예의 있다면 그들은 그들의 차례를 기다릴 텐데.

watch one's step

발걸음(발밑)을 조심하다, 신중히 행동하다

Watch your step!
발 밑을 조심해!

You will get into trouble if you don't **watch your step**.
신중히 행동하지 않으면 말썽을 일으키게 될 거야.

weave one's way (through)

누비고 지나가다

She **weaved her way through** the crowd.
그녀는 군중 사이를 누비듯이 나아갔다.

To escape from police officers the thief **weaved his way through** stationary traffic on a bicycle.
경찰에게서 도망치기 위해 도둑은 멈춰 있는 차량 사이를 자전거로 누비고 지나갔다.

work oneself to death

죽도록 일하다, 과로로 죽다

He **worked himself to death**.
그는 과로로 죽었다.

Because I **worked myself to death** yesterday, I took to my bed from fatigue today.
어제 죽도록 일을 해서 오늘 몸살로 누웠다.

토실토실 영단어 영숙어 - 기초편

© 김영일, 2020

1판 1쇄 발행__2020년 09월 30일
1판 2쇄 발행__2023년 09월 10일

지은이__김영일
펴낸이__홍정표
펴낸곳__글로벌콘텐츠
    등록__제25100-2008-000024호

공급처__(주)글로벌콘텐츠출판그룹
    대표__홍정표 이사__김미미 편집__임세원 강민욱 백승민 권군오 기획·마케팅__이종훈 홍민지
    주소__서울특별시 강동구 풍성로 87-6
    전화__02) 488-3280 팩스__02) 488-3281
    홈페이지__http://www.gcbook.co.kr
    이메일__edit@gcbook.co.kr

값 13,800원
ISBN 979-11-5852-292-6 13740

※ 이 책은 본사와 저자의 허락 없이는 내용의 일부 또는 전체의 무단 전재나 복제, 광전자 매체 수록 등을 금합니다.
※ 잘못된 책은 구입처에서 바꾸어 드립니다.